아이엠스토리

I AM STORY

아이엠스토리

I AM STORY

하대석 지음

혜화동

| 프롤로그 |

당신의 천재성을 깨우는 단 하나의 열쇠

"당신은 원래 천재예요. 새로운 기획, 새로운 글, 새로운 영상 콘텐츠 등 어떤 스토리텔링을 하든 당신은 원래 모두를 놀라게 할 만한 천재성을 갖고 있어요. 다만 그걸 지금 발견 못한 것뿐이라고요."

위 말은 이 책을 선택한 독자님들께 제가 가장 전달하고 싶은 메시지입니다. 그런데 어떻게 느껴지시나요? 기분 좋게 들린다면 참 다행이겠지만 혹시 비현실적으로 들리지 않나요? '그래 뭐 좋은 말이네.' 혹은 '또 인간의 잠재력은 무한하다는 구태의연한 얘기 아냐?' 혹은 '너무 동기부여 하려고 애쓰는 거 아냐?' 정도 생각이 들면서 씁쓸한 웃음이 나올지도 모르겠습니다. 그리고 심하면, 위 말에 '책 팔아먹으려는 상술인가?'라는 생각에 거북함마저 느껴질지도 모릅니다. 부정적 감정이 치고 올라오면서 말이죠.

그런데 저는 지금 그 씁쓸함과 의구심, 거북함에 대해 이야기하고자 합니다. 그 씁쓸함과 의구심, 거북함의 실체를 알게 되면 그때부터 자신의 천재성과 만날 수 있기 때문입니다. 천재성과 만나기 위해서는 이러한 내 안의 거부반응의 벽을 한 번 뚫고 지나가야 하거든요.

당신 안에 천재성이 있다는 말씀을 드렸는데 만약 기쁘지 않거나 비현실적으로 느껴졌다면 그건 왜일까요? 제 생각엔 어린 시절 누구나 한 번씩은 겪어 본 어떤 실망스런 경험 때문입니다. 스스로에 대해 실망한 경험 말이죠. 이를테면 '난 머리가 나쁜 것 같아.' 또는 '난 글을 못 써.'와 같은 실망감이 그러한 거부반응을 만듭니다. 저도 어릴 때 '난 책 읽기를 싫어해서 글을 못 써.'라는 생각이 무의식 속에 자리 잡고 있었고 그것이 저의 기자 생활에까지 영향을 끼쳤거든요.

특히 우리나라와 같은 입시 공화국에서 자란 아이들은 대개 '공부 못함'에 대한 공포를 느끼며 자라게 되는 것 같습니다. 자신의 성적표를 받아 든 부모님 얼굴에 드러난 실망과 우려, '어떤 과목에 넌 재능이 없다'는 식의 잔혹한 어른들의 평가, '너 이렇게 공부 안 하면 나중에 커서 뭐 하려고 그러니?'와 같은 미래에 대한 경고… 이렇게 스스로에 대해 실망한 경험을 할 때마다 우리 마음속에 한 가지가 점점 생겨납니다. 바로 '평가에 대한 두려움'입니다.

평소 이야기하는 걸 좋아하고 입만 열면 청산유수인 A씨. 가까운 친구들과 얘기할 땐 재치 넘치는 입담으로 웃기고 울리는 엔터테이너인 A씨지만 한방에 말을 더듬는 바보로 만들어 버리는 방법이 있습니다. 즉 A씨의 천재성을 단칼에 죽여 버리는 방법이 있습니다.

간단합니다. 사람들을 여러 명 모아 온 뒤 모두에게 A4지 한 장씩 나눠 주고 100점 만점으로 A씨의 말하기 실력을 평가하게 하면 됩니다. 채점자들은 웃지 않고 삐딱하게 앉아 A씨를 차가운 눈초리로 응시하도록 합니다. 커다란 카메라 한 대를 가져와서 찍으면 더더욱 A씨를 바보로 만들 수 있습니다. 평가에 대한 두려움을 증폭시키기만 하면 누구나 천재성이 쑥 들어가 버리거든요.

사실 저도 SBS에서 기자로 일하면서 카메라 앞에만 서면 두세 문장조차도 금세 잊어버리는 제 스스로를 보면서 '나 완전 바보잖아!'라고 절망했던 적이 많습니다. 뉴스에 방영할 인터뷰를 하기 위해 큰 기관의 기관장이나 정치인을 앉혀 놓고 카메라로 녹화할 때에도 정말 가관인 경우가 많았습니다.

"아, 오늘 따라 이상하게 말이 잘 안 나와 미치겠네요. 카메라만 보면 머리가 굳어요."

평소에 그렇게 정말 말 잘 하는 기관장도 큰 카메라 앞에만 서면 땀을 뻘뻘 흘리며 계속 말을 더듬고, 간단한 멘트도 자꾸 잊어버립니다. 15초짜리 멘트 하나 따기 위해 30분간 100번 이상 NG를 낸 기관장도 있었습니다. 본인도 미안해하고 주변의 보좌진들도 당황해 어쩔 줄 모를 때쯤 제가 꾀를 냅니다.

"자, 보좌진 분들은 잠깐만 방에서 나가 주시고요. 저랑 둘이서 편하게 얘기를 해 보자고요. 대표님, 카메라 녹화 안 할 테니 그냥 한 번 연습만 해 볼까요? 우리 기관장님 하고 싶은 얘기가 결국 뭔가요?"

이때 기관장은 "아 그러니까 제가 하고 싶은 이야기가 말이죠, ~" 라면서 평소처럼 청산유수로 자연스럽게 말을 너무나도 잘 합니다. 그러면 저는 빙그레 웃으며 "기관장님 방금 말씀을 너무 잘 하셨는데, 사실 방금 녹화를 하고 있었거든요. 그냥 이걸로 방송 잘 할게요."라고 말하며 인터뷰를 끝냅니다. 제가 꾀를 내어 기관장의 천재성을 끌어낸 것입니다.

아마 여러분도 평소엔 그렇게 말이 술술 잘 나오다가, 글만 쓰려고 하면 머리가 굳으면서 뭘 써야 할지 도무지 생각이 안 나서 당황했던 적이 많을 겁니다. 어렸을 때 국어 시험 대비 또는 논술 고사 준비를 하며 '평가받기 위한 글쓰기' 위주로 글을 배웠기 때문입니다. '글쓰기 = 평가'라는 생각이 일단 뇌리에 자리 잡으면 글쓰기를 싫어하는 경우가 대부분입니다. 학창 시절 백일장에서 상을 자주 받던 이들을 제외하면 한국인 대부분이 학교를 졸업한 뒤엔 글쓰기를 하지 않는 것도 이 때문인 것 같습니다. 평생에 걸쳐 글쓰기를 중단하게 됐다는 건 참 불행한 일입니다. 과연 그 무엇이 우리들로 하여금 나의 소중한 생각을 다른 사람에게 전달한다는 이 중요한 글쓰기를 중단하게 한 것일까요? 과연 무엇이 우리로 하여금 말하기와 글쓰기를 이토록 부담스럽고 때론 두렵게 만든 것일까요?

저는 SBS 보도본부에서 스브스뉴스를 공동 기획하고 주로 인턴 대학생과 신입 피디들에게 카드뉴스와 영상 콘텐츠의 기획과 구성을 가르쳐 오다 한 가지 놀라운 사실을 알게 됐습니다. 이들이 딱 한 가지 장애물만 넘어서면 그 부담과 공포에서 자유로워지더니 다들 천재성을 보여 주더라는 것입니다. 앞서 이미 말씀드렸지만 그 장애물은 바로 '평가에 대한 두려움'입니다. '평가에 대한 두려움'이 커지면 보통 두 가지 능력이 갑자기 뚝 떨어집니다.

'평가에 대한 두려움'이 커지면 벌어지는 일

첫째, 내가 꼭 하고 싶은 마음속 이야기를 끌어내는 능력이 갑자기 작동하지 않습니다. 마치 신체가 위험 신호를 느꼈을 때 소화가 잘 안 된다거나 온몸이 경직돼 행동이 굼뜨게 되는 것과 비슷한 이치가 아닌가 싶습니다. 즉 온전한 자기 자신의 능력(천재성)을 발휘할 수 없게 된 것이죠.

EX) 본래 자기가 하고 싶었던 메시지에서 벗어나 자꾸 방어적으로 글을 쓰게 됨.

둘째, 남이 무슨 이야기를 듣고 싶어 하는지 유추하는 능력이 갑자기 작동하지 않는 경향을 보였습니다. 남의 입장에서 생각하는 능력,

즉 공감 능력이 뚝 떨어진 것이죠.

EX) 독자 입장에서 전혀 궁금해 하지 않는 내용을 굳이 부각해서 글을 쓰게 됨. 구성이 이상해서 보는 사람으로 하여금 헷갈리게 함.

요컨대 평가에 대한 두려움이 커지면 소통이 막힙니다. 즉 내 자신과의 내면 소통이 비활성화되고, 이어 외부의 다른 사람들과의 소통도 잘 되지 않더라는 겁니다. 다시 말해 '감'이 안 잡힌다는 겁니다. 너무 긴장한 나머지 '느낌'의 영역이 비활성되는 것이죠.

그렇다면 '평가에 대한 두려움'을 없애고 나만의 천재성을 발현하려면 어떻게 해야 할까요? 두려워하지 말라고 옆에서 누가 얘기해준다고 내 두려움이 사라질 리가 없습니다. 평가에 대한 두려움이 내 능력을 좀먹는다는 사실에 집중하면 집중할수록 더욱 두려움만 증폭될 뿐입니다. 그래서 이 경우에는 사실 '나에 대한 평가'에 대한 생각을 다른 곳으로 옮겨야 합니다. 다른 곳이 어디일까요? 바로 독자 또는 시청자의 마음입니다. 말하기, 글쓰기, 기획하기, 구성하기와 같은 콘텐츠 스토리텔링에 있어서는 독자 또는 시청자의 마음에 '빙의'하는 게 가장 확실한 두려움 탈출법입니다. 상대방 마음에 빙의하는 걸 뭐라고 하나요? 공감이라고 합니다. 독자 또는 시청자와 공감을 하는 것에만 집중하게 되면, 두려움 탈출과 동시에 자신만의 천재성이 살아나더니, 모두를 놀라게 할 콘텐츠를 누구나 만들 수 있더라고요. 이게 제가 5년 가까이 SBS 스브스뉴스 팀에서 젊은 팀원, 학생들을 가르치면서 터득한 것입니다.

스토리텔링에 있어 내 천재성을 극대화하는 방법

= 독자 또는 시청자의 마음을 최대한 느껴 보기 (공감하기)

그래서 황당하게 들릴 수도 있겠지만, 당신의 천재성을 깨우는 단 하나의 열쇠는 바로 공감입니다. 남의 입장이 되어 볼 뿐 아니라 남의 몸속에 들어가서 그 사람에게 빙의했다고 생각해 볼 정도로 더욱 적극적으로 노력하는 수준까지 공감의 농도를 끌어올려야 합니다. 그리고 그 공감을 계속 꾸준히 이어 가야 합니다. 그러면 자연스럽게 나에 대한 평가 자체를 잊게 됩니다. 두려울 새가 없는 거죠. 그러다 보면 그 독자 또는 시청자와 계속 마음이 통하면서 그 사람이 원하는 걸 귀신같이 내가 알아차리게 됩니다. 마치 나의 심장과 독자의 심장 사이에 파이프라인을 연결해서 계속 느낌과 감정을 주고받는 것처럼 말이죠.

공감이 나의 천재성을 발현시키는 구조

독자/시청자의 마음과 공감하기 → 나에 대한 평가 자체에 대한 관심이 사라져 두려움에서 탈출 → 자연스럽게 몰입하며 내 천재성 발현 → 독자/시청자가 무엇을 원하는지 비로소 눈뜨게 됨 → 천재적인 스토리텔

링 가능

공감이란 말이 요즘 너무 흔하게 쓰이는 것 같습니다. 그래서 진부하게 느껴질 정도입니다. 저는 공감이란 것이 워낙 깊은 세계이기 때문에 4단계로 구분해서 이해해 봤습니다.

4가지 공감의 단계

1단계: 공감 시도

"그래, 네 입장에서 생각해 보니 그럴 수도 있겠다 싶어. 하지만 말이야…" (사실 공감을 막 시작하는 단계. 특히 이 정도 해 놓고 자기가 공감을 잘한다고 착각해선 곤란하다)

2단계: 약한 공감

"그래! 네 입장에서 생각해 보니 그럴 수도 있었겠다 싶네. 그렇다면 말이야…."

3단계: 공감 = 이해

"아하 그렇구나! 네 입장에선 당연히 그럴 수밖에 없었겠네. 나였어도 그랬을 거야."

4단계: 깊은 공감 = 깊은 이해 또는 사랑

(말이 필요 없음. 눈물을 뚝 흘리거나 이에 준하는 공감하는 표정으로 전달)

저도 누군가와 공감을 시도할 때 3단계로 올라갈 뻔했다가 저의 이기심이 작용하면서 다시 2단계, 1단계로 내려가는 등 오르락내리락 하는 편인 것 같습니다. 높은 수준의 공감이란 건 나의 이기심을 이겨 내야 하고 때론 방어기제와 같은 자기 보호 본능을 극복해야 하기 때문에 정말 쉽지 않은 것 같습니다. 3단계 이상의 높은 공감의 수준으로 올라가려면 진짜 의식적으로 노력을 꾸준히 해야 가능한 것 같아요. 마음공부나 명상도 꾸준히 하는 것도 도움이 되는 것 같습니다.

독자 분들이 1단계에서 2단계, 3단계를 거쳐 4단계 높은 공감의 수준까지 체험하는 기회가 되길 바라면서 이 책을 썼습니다. 어떤 콘텐츠를 만들든 스토리텔링이란 나 혼자서 끙끙대며 노력하는 것이라기보다는 독자 또는 시청자와의 진심 어린 공감을 통해 진정한 내 자신을 알아가는 과정인 것 같습니다. 부디 공감의 힘으로 '평가에 대한 두려움'에서 자유로워져 자기 안의 진정한 천재성을 발견하시길 기원합니다.

책을 읽다가 이해가 되지 않는 부분이 있다면(즉 제가 당신과의 공감에 부족했다면) 지체 없이 네이버 카페 '비커밍스쿨(http://caf?.naver.

com/becomingschool)'에 들러 주셔서 책 관련 질문을 해 주시길 부탁 드립니다.

2020년 겨울

하대석

목차

PART 1
실전편

초보의 스토리텔링 & 고수의 스토리텔링

저는 프로 세계에서 아직 글쓰기 고수 수준은 안 됩니다. 다만 5년 가까운 기간 동안 글쓰기와 영상 콘텐츠 제작의 기초를 대학생과 신입 피디들에게 가르쳐 본 경험이 있습니다. 가르칠 때 '초보는 이렇게 쓰고, 고수는 이렇게 쓴다'는 식으로 이분법으로 구분해서 설명할 때 전달력이 높았습니다. 그래서 전달력을 높이기 위해 대학생들 가르칠 때처럼 그냥 '초보' '고수'란 용어를 쓰며 설명을 하고자 합니다.

본질

좋은 스토리텔링을 위한 간단한 공식

이 챕터를 읽으면 좋은 점

여러분, 글을 잘 쓰고 싶으시죠? 그러니 이 책을 펼치신 거겠죠. 그런데 왜 잘 쓰고 싶으신가요? 아마 글을 잘 쓰게 되면 사람들이 내 글이나 콘텐츠(영상, 카드뉴스, 인포그래픽 등)를 더 좋아해 줄까 봐 그런 것 아닐까요? 이 챕터에서는 좋은 스토리텔링의 본질을 함축하고 있는 간단한 공식을 알려드립니다.

스토리텔링의 본질이란, 당신을 매일 설레게 하는 바로 그것과 같다.

가끔 신문의 논설면 보시나요? 거기 글 쓴 논설위원이나 기자들은 평생 글만 쓴 '스토리텔링 전문가'들입니다. 정말 뛰어난 글쓰기 실력을 갖춘 분들이죠. 그런데 여러분은 그 글 다 읽어 보시나요?

'글을 잘 쓴다' 혹은 '스토리텔링을 잘 한다'는 게 과연 뭘까요? 대한민국에서 정규교육을 받은 사람들이라면 이 질문에 대해 '논리적이고' '근거가 구체적이고' '흥미를 끌고' 등등 논술 수업 시간에 배웠던 요건들을 떠올릴 것입니다. 그런데 제가 기자 생활 17년을 했고, 스브스뉴스 팀에서 젊은이들과 소통하는 카드뉴스나 영상 콘텐츠를 만들어 보고, 또 특히 신입 직원과 인턴을 상대로 콘텐츠 제작 수업을 5년 가까이 해 온 입장에서 보면 학교에서 배운 그런 글쓰기의 요건들은 사실 좋은 글의 핵심은 아닌 것 같습니다.

진짜 사랑받는 콘텐츠를 만들기 위해 10여 년을 고민해 오면서 제가 생각하는 좋은 글이란 바로 이런 반응이 나오게 하는 글입니다.

"그래 맞아, 그게 내 말이 바로 그거야. 아, 속이 다 시원하네."

"아, 너무 슬프다. 어떻게 그런 일이."

"헐 대박! 이 사람 진짜 천재 아냐? 진짜 대단해!"

사실은 논술 고사 답안지나 신문사의 논설이 가장 표준적인 '잘 쓴 글'인 것처럼 인식되고 있지만(그리고 그렇게 배웠지만), 제가 볼 때 가장 좋은 글 또는 콘텐츠는 유튜브나 페이스북, 온라인 커뮤니티(오늘의 유머, 뽐) 같은 곳에서 더 자주 발견하게 됩니다.

그곳에서 지속적으로 사랑받는 콘텐츠를 만드는 이들은 '스토리텔링을 아는 사람'일 가능성이 크다고 저는 보고 있습니다. 따로 배웠든 아니면 스스로 체득했든, 스토리텔링의 감을 잡고 있는 이들이 만들면 똑같은 이슈를 갖고 만들어도 전혀 다른 결과를 냅니다.

스토리텔링을 아는 사람	스토리텔링을 모르는 사람
사람들이 궁금해 하는 소재를 뽑아냄	자기가 궁금한 소재를 뽑아냄 (사람들이 궁금할 거라 착각)
자신만의 화법이란 게 있음	긴장감 유지가 잘 안 됨
전달하고자 하는 메시지 확실함	결국 말하려는 게 뭔지 모호함. 자신도 헷갈림
계속 궁금하게 해서 중간 이탈자 적음	자기가 궁금한 순서로 구성하다 보니 중간 이탈자 많음
제목부터 고려한 뒤 본문 작성	본문 쓰느라 녹초가 된 뒤 제목은 대충 지어서 출고

좋은 스토리는 감동을 주고 사람의 마음을 움직이고, 행동의 변화까지 불러일으킵니다. 즉 스토리 자체에 힘이 있습니다. 그 힘을 극대화하려면 어떻게 스토리텔링을 해야 할까요? 저는 한 편의 콘텐츠가 세상에 나왔을 때 그 스토리의 힘이 얼마나 큰 영향을 끼치는지 예상하기 위해 아래 공식을 활용합니다.

스토리의 힘 = 내 마음 × 상대방 마음 = 내 진정성 × 상대방과의 공감

이 공식, 어렵나요? 더 쉽게 말하면, 여러분이 누군가를 좋아하고 사랑할 때 필요한 딱 두 가지가 뭔가요? 내 마음에 담긴 진정성과 상대방 마음속에 일어나는 공감 아닐까요? 내가 진정성이 없다면 그 사랑이 소용없듯 스토리텔링에서도 내 진정성이 없다면 소용없는 거

맞죠? 또 아무리 내가 진정성이 있어도 그 이야기를 듣는 상대방이 공감하지 않는다면 그건 일방통행이잖아요. 스토리든 사랑이든 일방통행이라면 완전하다고 하긴 어렵습니다. 그래서 간단합니다. 스토리텔링의 본질은 그냥 사람과 사람이 서로 좋아하고 사랑하는 것과 크게 다르지 않습니다. 한 사람이 스토리로 자기 마음을 전하고, 그걸 듣거나 본 사람도 똑같은 마음을 느끼면서 서로 같은 감정을 공유하면 거기서 둘 간의 교류가 시작되고 그게 깊어지면 궁극적으론 사랑이 되는 거죠.

위 공식을 구체적으로 설명하자면, '진정성'은 글쓴이(화자, 제작자, 공급자)의 마음가짐이 진솔한지의 여부를 말하고, 공감은 상대방(독자, 시청자, 수요자)이 진정 원하는 것인지를 뜻합니다. 우리가 살다 보면 때론 진솔하게 마음 표현하는 게 쉽지만은 않습니다. 또 상대방이 진정 원하는 걸 안다는 것도 쉬운 게 아니고요. 그래서 사랑이란 게 어렵듯이 스토리텔링도 어려울 수밖에 없는 것 같습니다. (저도 계속 노력 중이에요.)

만약 공감과 진성성이라는 두 가지 요건만 갖췄다면 그걸 기자가 썼든 작가가 썼든 인턴 학생이 썼든 초등학생이 썼든 그 콘텐츠는 퍼져 나간다는 게 제가 스브스뉴스에서 5년 가까이 일하며 내린 결론입니다. 학교에서 배운 논리적 완결성, 글쓰기 스킬 등은 부차적인 문제입니다. 그런 테크닉은 평가에서 높은 점수를 받는 데는 도움이 되겠지만, 널리 퍼져 나가는 콘텐츠의 확산력과는 별 관련이 없었습니다.

강력한 스토리의 첫 번째 요건인 진정성을 높이려면 조회 수 올리고 싶어서 하는 이야기가 아니라 내가 진짜 하고 싶은 이야기를 해야 합니다. 그래야 강한 에너지가 생겨납니다. 예컨대 부당한 일을 당한 뒤 그것을 폭로하는 글은 그 진정성이 아주 강하기 때문에 불과 몇 문장에 그치더라도 순식간에 SNS를 타고 널리 퍼집니다.

강력한 스토리의 두 번째 요건인 공감을 위해선 상대방의 마음을 알아야 합니다. 스토리를 처음 만든 사람이 아무리 진정성이 있어도 그 생각에 동의하지 않는 이에게 전달될 경우 스토리의 효과는 훅 떨어집니다.

좋은 스토리텔링이란 감동적인 선물과 같다.

사랑이라는 게 그렇듯, 어찌 보면 스토리텔링도 심리 게임입니다. 진정성을 살리려면 내 감정에 집중해야 하고, 공감을 극대화하려면 상대방 감정에 집중해야 합니다. 근데 둘 다 그렇게 쉬운 일이 아닙니다. 돌이켜 보면, 저는 사실 제 감정 표현에도 서툰 편이고, 제가 공감을 잘 못하는 사람이라는 사실조차 잘 모를 정도로 저는 공감에 매우 서툴렀는데, 다행히 스브스뉴스 팀에서 젊은 친구들과 동고동락하며 많은 걸 배우고 예전보다 조금은 나아진 것 같습니다. 하지만 여전히 부족해서 계속 노력하고 있습니다.

스토리텔링 능력을 개발하기 위해서는, 사랑하는 사람에게 주는 선물 고르는 상황을 한번 떠올리면 도움이 됩니다. 선물로 사람을 감동시킨다는 게 사실 쉽진 않죠. 일단 나의 진정성이 녹아 있어야 합니다. 그 사람에게 이런 도움이 되었으면 좋겠다는 마음이 담겨 있어야 효과가 큽니다. 동시에 상대방이 무엇을 필요로 하는지 무엇을 원하는지 알아야 합니다. 상대방을 모르면 어떻게 될까요? 과일 세트를 선물했는데 받은 사람이 복숭아 알레르기가 있다면, 그 선물을 보고 '아, 이 사람이 나한테 관심이 없구나.'라는 생각만 하게 될 겁니다.

제작비가 많이 들어간 영화라도 반드시 재미있는 건 아닌 것처럼 선물도 그냥 비싸기만 하다고 무조건 만족시키는 건 아닙니다. 값이 싼 것이더라도 평소 상대방이 했던 말을 잘 기억했다가 그 제품을 힘들게 구해서 선물해 준 경우 진정성과 공감, 두 마리 토끼를 다 잡았기 때문에 최고의 선물이라고 할 만합니다. 스토리텔링도 그렇게 해야 최고의 콘텐츠가 나옵니다.

1) 스토리텔링의 1요소: 내 진정성

저는 예전엔 사람의 진정성이라는 게 얼마나 무서운 것인지 잘 몰랐습니다. 그러다 스브스뉴스 팀에서 진정성의 위력을 제가 몸소 깨닫게 된 소중한 경험을 하게 되었습니다.

2016년 3월 SBS의 스브스뉴스 페이스북 계정 메시지로 한 편의 제보가 접수됐습니다. 프랑스에서 활동 중인 한국인 화가 임세병 씨의 그림이 프랑스에서 한국으로 운송되는 과정에서 사라졌다는 것이었습니다. 0.3mm 펜 하나로 3년 간 정성을 쏟아 그린 가로 10m의 초대

스브스뉴스: 2015년 초 세상에 나온 SBS 보도본부의 20대 타깃 뉴미디어 브랜드. 두 기자와 작가, 대학생 인턴 10명이 작은 회의실을 빌려 카드뉴스와 영상을 만들기 시작해 현재 SBS 자회사로 독립해, 유튜브, 인스타그램, 페이스북 등 15개 플랫폼에서 150만 명이 넘는 구독자와 만나고 있다.

형 역작이었습니다. 임세병 씨는 프랑스 우체국과 경찰서, 한국 대사관 등을 전전하며 백방으로 알아봤지만 '찾을 방법이 없다'는 형식적인 답변만 받아 절망스러운 상황이었습니다.

한 인턴 기자가 이 내용으로 카드뉴스를 해 보고 싶다고 손을 들었습니다. 하지만 저는 말렸습니다. 저는 "우리가 카드뉴스 만든다고 그림 찾을 리도 없을 텐데… 그냥 화가가 그림 잃어버렸다는 게 뉴스가 될까?"라고 물었죠. 그러자 그 인턴은 "3년이나 정성을 들인 그림이 갑자기 사라졌는데 당연히 뉴스가 되지 않을까요?"라며 맞섰습니다. 저는 하지 말자고 했고, 그 인턴은 애타는 눈빛으로 저를 보며 다시 한 번 입을 열었습니다. "너무 안타깝잖아요!" 옆에서 듣고 있던 다른 동료들도 다들 같은 눈으로 저를 쳐다보고 있었습니다.

결국 저는 눈치를 보다가 고집을 꺾었습니다. 선심 쓰듯 "그래, 정 그러면 한번 만들어 봐." 하며 카드뉴스 제작을 허락했습니다. 하지만 속으로는 '저 카드뉴스는 많이는 안 보겠다.' 하면서 별 기대를 하

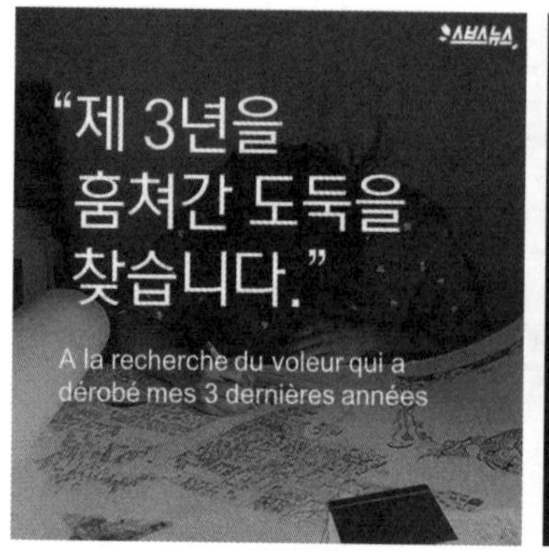

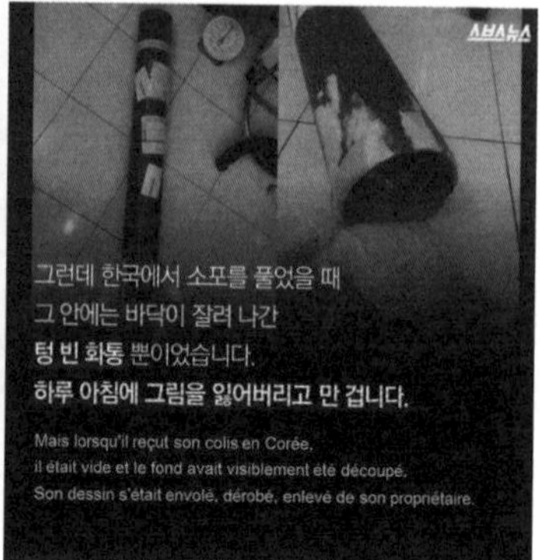

스브스뉴스 '배송 중 사라진 그림… "제 3년을 훔쳐간 도둑을 찾습니다."' (2016. 3 오다록 인턴)

지 않았습니다. 카드뉴스를 거의 다 완성했을 무렵, 저는 그 인턴에게 농담을 던졌습니다. "이 정도 만들어서 어디 그림 찾아 줄 수 있겠냐. 불어로 만들지 그랬냐?" 진짜 농담이었는데, 그 인턴은 귀를 쫑긋 세우고 듣더니 "좋은 생각인데요."라며 임세병 씨에게 본문을 번역해 달라고 메시지를 보냈습니다.

그렇게 한 화가의 딱한 사연을 담은 카드뉴스가 세상에 선보이게 됐습니다. 그다지 많이 확산되지는 않을 거라는 저의 예상은 보기 좋게 빗나갔습니다. 임세병 씨가 처한 안타까운 상황과 절박한 심정에 많은 이들이 공감하면서 이 카드뉴스는 놀라운 속도로 SNS 망을 타고 세계로 퍼졌습니다. 페이스북에서만 2백만 명에게 도달한 것으로 집계됐습니다. '좋아요'를 눌러 이 카드뉴스를 추천한 이가 약 2만 명, 자신의 타임라인으로 이 카드뉴스를 공유해 더 적극적으로 퍼뜨린 이가 약 4천 명에 달했습니다. 특히 3백 명이 넘는 외국인들이 이 카드뉴스를 공유해 프랑스로 확산시키는 데 결정적 역할을 했습니다.

이 카드뉴스를 배포한 다음 날부터 놀랍게도 임 씨의 딱한 사연은 프랑스의 SNS 상에서 이슈로 떠올랐습니다. 배포 이틀 뒤인 2016년 3월 31일, 유력 인터넷 매체인 「매셔블」 프랑스판은 임 씨 사연을 비중 있게 보도했고 「버즈피드」 프랑스판도 4월 1일 이 이슈를 다뤘습니다. 그리고 평소 배송 사고가 자주 일어나는 프랑스 우체국 실태에 대한 비난 여론이 일기 시작했습니다.

그리고 카드뉴스를 배포한 지 일주일이 지난 2016년 4월 4일 스브스뉴스 사무실에서 일제히 탄성이 터져 나왔습니다. 임세병 씨가 프랑스 우체국으로부터 사라졌던 그림을 찾았다는 연락을 받았다는 소식이었죠. 한국으로 부친 그 그림은 엉뚱하게도 보르도 지역으로 잘못 배송돼 그곳 분실물 센터에 보관돼 있었습니다. 임 씨 사연이 프랑스 사회에서 이슈가 되자 프랑스 우체국이 대대적인 수색을 벌인 끝에 뒤늦게 그림을 찾아 준 것이었습니다.

우리는 임 씨가 기적적으로 그림을 찾은 사실과 경위를 SBS 8뉴스를 통해 후속 보도했습니다. 인터뷰에서 임세병 씨는 "스브스뉴스에서 기사가 나갈 때 불어 버전으로도 내주셨는데 그 불어 기사가 프랑스 커뮤니티나 인터넷 언론에서 재기사화가 되면서 적게나마 이슈가 됐어요."라고 말했습니다.

스브스뉴스의 카드뉴스 한 편이 프랑스 사회를 움직여 결국 임 씨의 그림을 찾는 데 결정적 역할을 한 것입니다. 카드뉴스 몇 장이 스브스뉴스 독자들의 마음을 움직였고, 그들이 눌러 준 '좋아요 또는

2016년 4월 7일 SBS 8뉴스에 스브스뉴스가 그림 찾아 준 사연이 방영되었다.

공유' 활동 덕분에 추진 동력을 얻어 프랑스로까지 전파돼 프랑스 사회까지 움직였습니다. 이번 그림 분실 사건을 계기로 프랑스의 SNS 상에서는 프랑스 우체국의 잦은 분실 문제가 공론화됐다고 임세병 씨는 전했습니다.

다시 아이템 회의를 했던 순간으로 돌아가 볼까요? 이 주제를 다루지 말자고 한 제 의견에 맞서 "너무 안타깝잖아요!"라고 말한 그 인턴 학생, 그 인턴의 눈망울엔 정말 무시무시한 게 하나 있었습니다. 그게 바로 진정성이죠. 그 작은 마음이 결국 지구 반대편 나라를 움직여 사라졌던 그림을 찾아 준 것이었습니다. 제가 만약 그 인턴의 말을 끝까지 듣지 않고 그 진정성을 무시하고 넘어갔다면, 정말 끔찍한 일이 벌어질 뻔한 거죠. 하마터면 기적이 일어나는 걸 막을 뻔했으니까요.

2) 스토리텔링의 2요소: 상대방과의 공감

상대방이 무엇을 필요로 하는지, 무엇을 원하는지 얼마나 알고 계신가요? 당신이 콘텐츠 제작자라면 당신의 콘텐츠를 보게 될 독자의 마음을 얼마나 알고 계신가요? 당신이 상품 기획자 또는 마케터라면 그 상품을 쓰게 될 소비자의 마음을 얼마나 알고 계신가요?

과연 얼마나 알고 있는지 스스로 답을 찾기 위해 제가 도와드리겠습니다. 간단합니다. 입장을 바꿔서 물어보면 됩니다.

"당신의 마음을 진짜 제대로 알아주는 사람이 세상에 몇 명이나 있습니까?"

때때로 느껴지는 외로움, 당신의 마음속 켤핍된 무언가까지 다 알아주고 품어 주는 사람이 세상에 몇 명이나 있나요? 단 한 명만 있어도 당신은 정말 행복한 사람일 겁니다. 때론 가족조차 내 마음을 몰라줘서 속이 상할 때가 있습니다. 사실 세상에는 내 마음을 알아주는 그 한 사람이 없어서 허공을 보며 한숨을 내쉬고, 혼자 몰래 눈물 흘리는 사람들이 너무나 많습니다. 당신도 그럴 때가 있지 않나요?

자, 원래 입장으로 돌아와 다시 묻겠습니다. "당신은 누군가의 마음을 얼마나 잘 알고 있습니까? 그 사람이 당장 무엇 때문에 힘들어하고 있는지, 그에겐 어떤 위로가 필요한지, 그를 어떻게 기쁘게 할 수 있는지 얼마나 깊이 고민해 보셨습니까?" 사실 요즘 바쁜 현대인들은 나의 피붙이인 가족들의 마음조차 제대로 알지 못해 갈등을 겪곤 합니다. 가족의 마음조차 제대로 알기가 쉽지 않은데, 어떻게 소비자의 마음, 구독자의 마음을 안다고 감히 얘기할 수가 있을까요?

저도 그렇고 여러분도 마찬가지지만, 스토리텔링을 하는 사람은 독자의 마음을 다 알 수 없습니다. 다만 그 마음에 조금이라도 더 가까이 다가서 보려고 끊임없이 노력할 수 있을 뿐입니다. 그래서 계속 매일매일 노력해야 합니다. 그 길밖에 없습니다. 그렇다면 독자의 마음, 소비자의 마음을 알기 위해 다가서려면 일상에서 어떤 노력을 해야 할까요? 평소에 많이 물어봐야 합니다.

당신에게 어떤 선물을 주려는 사람이 당신이 평소 무엇을 좋아하는지 알아내기 위해 자주 당신에게 물어봐야 최고의 선물을 고를 수 있듯이, 당신도 누군가에게 콘텐츠를 선물할 때 진짜 사람들이 원하는 게 무엇인지 계속 물어봐야만 알 수 있습니다. 혼자서 자꾸 생각만 해서는 부족합니다. 묻고 또 물어야 합니다. 그래서 스브스뉴스 팀에서는 '그 누구도 절대 조용히 시키지 말 것'을 규칙으로 정해 놓고 끊임없이 시끄럽게 일하도록 했습니다. 계속 물어보면서 만들도록 말이죠.

콘텐츠 대박 내고 싶나요?
딱 한 명만 감동시켜 보세요.

우리는 학교에서 좋은 평가를 받기 위한 글쓰기를 배웠습니다. 그러다 보니 감점 요인을 최소화하는 방향으로 글쓰기를 하는 습관을 갖게 된 경우가 대부분입니다. 글이라는 게 내 마음의 표현인데, 남의 평가에 잔뜩 긴장하면서 지적받지 않기 위해 수비만 하는 글쓰기를 배워 온 거죠. 그러니 글쓰기가 싫을 수밖에 없습니다. 제가 스브스 뉴스 팀에서 인턴들을 지도하면서 항상 느낀 게 그들이 나쁜 평가를 받지 않으려고 움츠러든 채 글쓰기에 임한다는 것입니다.

저는 그런 식으로 다수를 상대로 욕먹지 않는 수비적인 글쓰기보다는 단 한 사람의 마음이라도 제대로 공략하는 글쓰기를 해 보라고 권합니다. 오직 한 사람에게만이라도 이런 평가를 듣는 글을 써 본 적 있나요?

(감탄) "허얼! 너무 좋아! 감동이다. 이거!"

(부러움) "이야, 진짜 대박이다! 대단하네!"

(동감) "그래! 내 말이~ 바로 그거야!"

(격한 공감) "맞아! 진짜 나도 그때 그렇게 느꼈어!"

(경외감) "우와, 너 그걸 어떻게 생각했어? 미친 거 아냐?"(긍정적인 어조로)

단 한 사람만 감동시켜 보는 겁니다. 그렇게 감동받은 한 사람은 분명 다른 사람에게 그 글 또는 콘텐츠를 추천하거나 공유하게 됩니다. 자기 혼자 보기는 너무 아깝거든요. 정말 작은 이야기였는데 SNS에서 폭발적인 인기를 끈 게시물을 본 경험, 다들 있잖아요. 그게 살아 있는 좋은 스토리입니다. 논리적 완결성만 갖춘 논술 고사식 스토리텔링은 죽은 콘텐츠가 될 가능성이 큽니다. 아무리 잘 써도 아무도 봐 주지 않는다면 그건 죽은 콘텐츠가 아닐까요?

한 가지 중요한 비법을 알려 드리면, 스토리텔링을 하기 전에 내가 원하는 독자 또는 시청자의 반응을 미리 상상해 보는 겁니다. 감동받고 좋아하는 모습, 고개를 끄덕끄덕 하면서 만족해하는 표정, 가슴에 손을 올리고 "하아" 하면서 숨을 내쉬는 당신의 팬들 모습을 한번 상상해 보신 다음에 글을 쓰거나 콘텐츠를 만들어 보는 거죠. 비록 멀리 떨어져 있더라도 당신이 좋아하고 사랑하는 그 사람의 모습을 상상했던 것처럼요. 그게 바로 스토리의 힘이 작은 불빛처럼 타오르기 시작한 순간입니다.

마인드

초보는 상대방의 평가에 집중하고, 고수는 상대방의 마음에 집중한다

이 챕터를 읽으면 좋은 점

말을 할 땐 청산유수인 당신, 그런데 글만 쓰면 갑자기 식은땀이 흐르면서 머리가 아프고 도무지 잘 써지지 않아 고민이신가요? 그렇다면 이 챕터는 바로 당신을 위한 챕터입니다. 당신의 천재성을 가로막는 어떤 방해꾼을 있었다는 걸 알아야 합니다! 나에 대해 정확히 아는 것이 바로 공감 스토리텔링의 시작이니까요.

스브스뉴스 팀에서 5년 가까이 100명 넘는 인턴들에게 글쓰기와 구성안 작성의 기초를 교육해 오면서 저는 이들이 빠르게 스토리텔링에 대해 자신감을 갖도록 도와줄 방법을 궁리하고 또 궁리했습니다. 그리고 고심한 끝에 준비한 프로그램이 하나 있습니다. 마인드 세팅을 확 바꿔 주기 위해 첫 출근하는 날 아침의 자기소개 시간을 노렸습니다.

인턴들의 첫 출근 날, 첫 교육 시간에 우선 자기소개를 시킵니다. 모두들 잔뜩 긴장하게 마련입니다. 저는 그 긴장감을 교육 효과로 이어지도록 하기 위해 이렇게 주문합니다.

"자, 모두 자기소개를 하는데, 자신만의 차별점, 특장점, 뛰어난 점을 중심으로 얘기해 주세요. 다른 인턴 분들은 자기소개 하는 사람에 대해 한마디도 놓치지 마시고 꼼꼼하게 적어 주시고, 내용을 다 기억하셔야 합니다. 남의 자기소개를 잘 듣고 기억했는지 나중에 테스트를 할지도 모릅니다."

테스트란 말에 인턴 학생들은 얼굴이 하얘지면서 부리나케 펜을 꺼내고 노트를 펼칩니다. 너무 일사불란해 안쓰러울 정도입니다. "자, 누구부터 할까요?" 하고 제가 물어보면 음산한 기운이 회의실을 순식간에 얼려버리고, 제가 한 명을 지목하면 그 인턴은 "하아" 하고 무의식적으로 긴장 어린 숨을 몰아쉬며 일어섭니다.

"저는 ○○대학, ○○학번 ○○과 ○○○이라고 합니다. 저는 어려서부터 ○○을 좋아했고, 지금은 ○○을 남들보다는 좀 잘 하게 되었습니다. 대학에 들어와서도 ○○ 동아리 활동을 하며 ○○ 분야에 대한 관심을 키워 왔고요, 해외 자원봉사 활동에 나가서 ○○ 실력을 발휘해서 빈민들을 도왔고요 … 제 취미는 ○○이고요, 특기는 ○○입니다. 휴우~ 잘 부탁드립니다."

대략 위와 같은 방식으로 첫 인턴 학생이 간신히 자기소개를 마치는 순간, 다른 모든 이들은 그 학생의 얼굴을 쳐다보지 않고 고개를 숙인 채 받아 적느라 진땀을 빼고 있습니다. 필기를 다 마치지 못한 상황이다 보니 '잘 부탁드린다'는 마지막 멘트를 듣고도 바쁜 나머지 박수를 제대로 쳐 주지도 못합니다. 동시에 자기 차례가 되면 어떻게 자기소개를 할지 생각하느라 얼굴은 이미 굳어 있고, 다들 표정이 좋지 않습니다.

자기소개가 진행되면 될수록 분위기는 더욱 냉랭해집니다. 외국에서 살다 와서 3개 국어를 잘한다는 한 인턴의 자기소개를 듣고 다른 인턴들은 잔뜩 주눅이 듭니다. 페이스북 계정을 10만 명 구독 수준까지 키워 봤다는 자기소개에 모두가 "우와"라고 탄성을 내지르면서도 다들 '나보다 너무 뛰어난데…'라는 생각 때문인지 표정이 밝지 않습니다.

그렇게 힘들고 어렵고 불편한 자기소개 시간을 마치면, 저는 기다렸다는 듯이 이렇게 말합니다.

"여러분은 지금까지 대한민국 교육 현실을 그대로 반영한 자기소개 시간을 경험했습니다."

갑자기 학생들 사이에서 너털웃음이 나기도 하고, 황당하다는 표정도 나옵니다. 저는 계속 이어 갑니다.

"방금 자기가 한 자기소개, 좋은 콘텐츠였나요? 또 다른 사람들과 얼마나 공감이 되었나요? 여러분이 관심을 둔 것은 자기소개를 하는 사람이었나요? 아니면 나에 대한 평가였나요? 방금 여러분이 했던 자기소개를 저는 '나잘난 콘텐츠'라고 정의합니다. 내가 잘났음을 입증하고 좋은 점수를 받기 위한 그런 콘텐츠였습니다. 대한민국 교

" 여러분은 방금 대한민국 교육 현장을 체험하신 겁니다 "

- 상대방의 자기소개에서 얼마나 진심이 느껴졌습니까?
- 상대방은 얼마나 열려 있는 사람입니까?

스브스뉴스 인턴 교육용 슬라이드(2017)

육이 늘 여러분에게 가르쳐 왔던 그런 콘텐츠죠. 이 딱딱하고 불편한 느낌을 꼭 기억하세요. 이런 마인드 세팅으로 글을 쓰면 보는 사람, 듣는 사람도 딱딱하고 불편하게 느끼거든요."

우리는 어쩌다 글쓰기를 두려워하고 싫어하게 되었을까?

교실에서 선생님이 설명을 하면 그것을 토씨까지 받아 적고 기억한 뒤 시험 날 평가받아야 하는 것이 대한민국 교육입니다. 자신에 대한 평가에만 온 생각이 사로잡힌 그 순간, 화자와 청자 간의 인간 대 인간으로서의 교류 또는 공감은 들어갈 자리가 없습니다. 오직 내가 남들보다 뒤처지지 않기를 바라는 이들로 가득 찬 공간에서 학생들은 글쓰기를 배웁니다. 그들이 배운 글쓰기의 목적은 누군가를 감동시키거나 누군가와 공감하기 위한 것이 아닙니다. 좋은 평가를 받고, 좋은 점수를 받기 위해서입니다. '나의 잘남' 또는 '남보다 뛰어남'을 입증하기 위한 이기적인 마인드 세팅으로 한 글쓰기인 셈입니다.

저는 인턴들에게 '서로 얼굴을 한번 찬찬히 쳐다보라'고 말합니다. 처음 만나서 서로가 서로를 '오픈'한다는 것은 얼마나 의미 있는 일인지 상기시킵니다. 그제야 인턴들은 모두들 '잘 평가받아야 한다'는 공포 속에 서로 마음을 닫고 있었다는 사실을 깨닫습니다. 뒤통수를 맞은 듯한 표정으로 인턴들이 저를 빤히 쳐다보면 저는 이렇게 위로합니다.

"여러분은 늘 좋게 평가받기 위한 목적으로 글을 쓰도록 배웠습니다. 어른들이 잘못 가르쳤다고 저는 생각해요. 그러다 보니 두려움 가득한 상태로 글을 쓰게 됩니다. 전혀 그럴 필요가 없는데도 말이죠. 무작정 '나는 글을 못 써' 하며 글쓰기를 싫어하는 학생들이 너무 많습니다. 세상에, 자기 자신의 생각을 표현하는 걸 어떻게 싫어할 수가 있나요? 정말 안타까운 일이죠. 사실 저도 마찬가지였습니다. 대학생 때 여러분보다도 훨씬 못 썼던 것 같아요. 온통 평가자의 눈치만 보며 쓴 영혼 없는 글이었어요."

그러면서 스브스뉴스의 내부 규칙을 소개합니다. 우리는 인턴을 두고 얼마나 뛰어난지 평가하지 않는다는 사실, 다만 동료들에게 얼마나 도움이 되는지를 본다는 사실을 알려 줍니다. 즉 동료들에게 고

맙다는 말을 많이 듣는다면 좋은 평가를 받고, 가끔 '내가 가장 고마운 사람'을 비밀투표 해서 상도 준다는 사실도 말해 줍니다.

그리고는 한 번 더 자기소개 시간을 갖자고 제안합니다. 이번엔 받아 적지 말고 잘 들어 보라고 주문합니다. 테스트 절대 안 하니까 걱정하지 말라고 얘기하면 그제야 인턴들의 표정이 풀립니다. 앞서 한 '나잘난 자기소개' 대신 이번엔 '내가 듣는 사람들에게 어떤 걸 해 줄 수 있는지'만을 이야기하기로 합니다. 즉 내가 3개 국어를 잘 한다면 '제가 여러분이 필요할 때 영어 중국어 일어 통번역 다 도와드릴게요. 언제라도 전화 주세요'라고 말하는 식입니다.

"저는 이태원 근처에 사는데, 거기 맛집이란 맛집은 다 알거든요. 그 동네 가실 일 있으면 저한테 전화 주세요."

"저는 다른 사람 이야기를 잘 들어 줍니다. 심리학 전공해서 상담해 주는 거 엄청 좋아하거든요. 힘든 일 있으면 밤늦게라도 카톡 주세요."

"저는 막노동판에서 일해 봐서 험한 일을 잘 합니다. 험한 일은 모두 제게 맡겨 주세요. 윈드서핑도 잘 탑니다. 같이 속초 한번 가요."

두 번째 자기소개의 분위기는 180도 달라집니다. 언제 그랬냐는 듯 다들 긴장이 풀리고 얼굴이 활짝 펴집니다. 서로 눈을 쳐다보며 고개를 끄덕이며 듣습니다. 자주 웃음꽃이 핍니다. 중간중간 "어, 나도 그거 좋아하는데!"와 같이 강한 리액션이 나옵니다. 무엇보다 순식간에 서로를 알게 되고 친해집니다. 두 번째 자기소개를 마치고 저는 이렇게 정의를 내린다.

첫 번째 자기소개 = 공급자 중심 콘텐츠

두 번째 자기소개 = 수요자 중심 콘텐츠
(독자, 시청자 우선)

스브스뉴스 인턴 교육용 슬라이드(2017)

"첫 번째 여러분이 경험한 자기소개를 '나잘난 콘텐츠'라고 정의한다고 했죠? 두 번째 여러분이 한 자기소개를 저는 '공감 콘텐츠'라고 정의합니다. 여러분은 앞으로 스브스뉴스 팀에서 반드시 '공감 콘텐츠'를 만들어야 합니다. 두 번째 자기소개 시간에서 여러분이 느낀 따뜻한 느낌과 뭔가 서로 통하는 것 같은 좋은 느낌을 꼭 기억하세요. 글을 쓸 때 그림을 붙일 때 영상을 이을 때 그 느낌이 들어야 합니다."

우리는 왜 '상대방의 평가'에만 집착하고 '상대방의 마음'은 보지 못하는가.

공감 콘텐츠는 미디어업계 제작자만 만들어야 하는 게 아닙니다. 취직 준비하는 대학생, 보도 자료를 쓰는 PR부서 직원, 회사 블로그를 운영하는 마케터 등등 수많은 이들이 어떻게 하면 독자 또는 소비자의 공감을 사는 콘텐츠를 만들 수 있을지 고민합니다. 하지만 아무리 열심히 써도 늘 불만족스럽고, 또 조회 수도 오르지 않는다고 어려움을 호소하곤 합니다. 글을 쓸 때의 관심을 '상대방의 평가'에서 '상대방의 마음' 쪽으로 살짝만 틀어 주면 훨씬 좋아질 수 있다고 확신합니다. 대한민국 입시 위주 교육 탓에 많은 이들이 '좋은 평가를 받겠다'는 이기적인 마인드로 글을 쓰거나 콘텐츠를 만드는 데 너무 익숙해져 있습니다. 점수를 잘 받고 합격하기 위해, 홍보 효과를 극대화해 매출을 높이기 위해, 부장님께 인정받고 승진하기 위해 등등 글쓰기의 목적이 대개 이기적입니다. 어릴 때 1년도 아니고 10년을 한결같이 '좋은 평가를 받기 위해 글을 써라. 안 그러면 넌 낙오된다'는 압박을 받았으니 자기도 모르게 이기적인 마인드로 글쓰기를 할 수밖에 없는 겁니다.

공감 콘텐츠의 기본은 이타심입니다. 글쓴이가 주인공이 아닙니다. 공감이 중요하다면 보는 사람이 주인공입니다. 보는 사람에게 최대한 맞춰야 합니다.

쉽게 말해, '공감 콘텐츠'는

소재: 글을 보는 사람이 원하는 소재를

주제: 글을 보는 사람의 관점에서

구성: 글을 보는 사람이 궁금한 순서대로 글을 쓰거나 콘텐츠를 제작해

야 합니다.

반면, 좋은 점수를 받기 위한 '나잘난 콘텐츠'는

소재: 내가 전달해야 하거나 홍보해야 하는 소재를

주제: 남이 아닌 내 관점에서

구성: 내가 중요하다고 생각하는 순서대로 글을 쓰거나 콘텐츠를 제작하는 것입니다.

세상에 이기적인 사람을 좋아하는 이 없듯이 이기적인 글이나 콘텐츠를 좋아하는 사람도 없습니다. 그래서 연예인을 동원해서 억지스럽게 만든 광고나 홍보성 블로그가 외면을 받는 겁니다. 무게중심이 공급자가 아니라 수요자여야 합니다. 그래야 공감이 됩니다. 그런데 그게 말처럼 쉽지가 않습니다.

대한민국의 정규교육을 받은 사람들은 누구나 '나잘난 콘텐츠' 제작 마인드에 익숙해져 있습니다. 그래서 공감 콘텐츠를 제작하려면 독자 또는 시청자 입장에서 생각할 수 있게 나의 마인드 세팅을 바꿔야 합니다. 이를 위해 콘텐츠를 제작하기 전에 꼭 거쳐야 하는 과정이 있습니다.

물어보고 물어보고 또 물어봐야 한다.

독자 또는 시청자의 마음이 느껴질 때까지.

앞서 얘기했지만, 공감 콘텐츠는 연애에 빗대자면 상대방을 위해 주는 선물입니다. 선물에 있어 중요한 건 내 취향이 아니라 상대방의 취향입니다. 상대방이 싫다면 실패한 선물이잖아요. 상대방이 평소에 하는 말을 잘 기억해 뒀다가 그 사람이 지금 딱 필요하거나 좋아할 만한 선물을 사 줘야 합니다. 예컨대 다이어트를 시작한 사람에게 고급 과자 세트를 선물로 준다면 아무리 비싸고 좋은 제품이라도 상대에게 기쁘지 않는 선물입니다. 그렇다면 상대방이 처한 상황과 마음을 어떻게 알 수 있을까요? 이 방법을 모르는 사람은 없습니다. 평소 유심히 관찰하거나 적극적으로 물어봐야 한다는 것 두 가지뿐입니다.

글을 쓰기 전에 얼마나 많이 물어보고 쓰시나요? 미디어 업계 종사자가 아니라면, 대부분 자기 혼자 보거나 업무상 꼭 보여 줘야 할 한두 명에게 보여 주고 출고하는 경우가 많은 것 같습니다. 저는 최소한 세 명 이상과 사전에 대화를 해 보고 내 생각에 대한 피드백을 구한 뒤 써야 한다고 조언합니다. 스브스뉴스 팀에서도 제작 과정에서 옆 사람에게 "이 주제와 관련해 뭐가 궁금해?"라고 물어본 뒤 스토리를 잡아 보게 했습니다. 또 개요가 잡히면 다시 옆 사람에게 다가가 보여 주면서 "재미있어?"라고 물어보며 반응을 관찰하게 했습니다. 물어봐야만 다른 사람이 관심 있는 게 뭔지, 궁금한 게 뭔지, 좋아하는 포인트가 뭔지 알 수 있기 때문입니다. 서너 명 이상에게 스토리를 얘기하고 소감을 물어본 뒤 반응이 '매우' 좋다면 글로 썼을 때 확실히 공감 콘텐츠가 될 가능성이 큽니다. 또 그 과정에서 듣는 상대방의 질문을 보면 글에서 어떤 부분을 빠뜨렸는지 알 수 있어 구성이 더욱 탄탄해집니다.

많이 물어본 뒤 글을 쓰는 것은 특히 요즘 같은 다양성의 시대에 더욱 중요합니다. 혼자만의 생각을 전체의 생각인양 단정한다는 것은 위험하기 때문이죠. '나는 이게 100% 맞다'고 확신하는데, 여자 생각이 다르고, 노인 생각이 다르고, 특정 집단의 생각은 또 달랐던 경험이 있습니다. 자기 확신에만 가득 찬 글이 온라인에 올라가면 공격받기 십상입니다. 글쓴이는 보통 해당 주제에 대해 골똘히 생각하다 자기 논리와 생각에 빠지기 쉽거든요. 장애인을 돕고 싶어서 쓴 글이 오히려 '우린 그런 도움 필요 없는데요'라는 반응을 일으키며 오히려 상처를 주는 경우도 봤습니다. 다양한 피드백을 받고 논리를 확충해야 편협한 글쓰기에서 벗어날 수 있습니다.

저는 인턴 학생에게도 자기소개서를 최대한 여러 명에게 보여 주는 게 좋다고 조언합니다. 자소서를 몇 명에게 보여 줬냐고 물으면 대부분 보여 준 적 없다거나 친한 친구 한두 명이라고 답하더라고요. 그래서인지 서류 전형에서 자소서를 들여다보면, 천편일률적인 가정환경 이야기로 시작해 흔한 해외 봉사 경험과 갈등 극복 스토리까지 뻔한 이야기의 연속입니다. 채점자들 입장에선 참 지겹고 재미가 없습니다. 그 회사가 뭘 원하는지 모르고 자기만의 세상에 빠져 헤어

나오지 못하는 자소서를 너무 많이 봤습니다. 먼저 취직한 선배에게 찾아가 자기소개서를 보여 줬을 때 "우와, 너 진짜 대단하구나! 이런 인재인 줄 내가 미처 몰랐네. 우리 팀에서 일해 보지 않을래?" 정도의 반응이 나오도록 전략을 세우고 정성을 들여야 합니다. 세상에서 가장 소중한 나를 소개하는 글이니까요.

가장 잘 경청하는 방법: 격한 반응 관찰하기

한 친구가 떡볶이 가게를 개업하려고 준비 중이라며 당신을 불렀다고 가정해 봅시다. 당신에게 정성스레 준비한 떡볶이를 내온 뒤 한 입 베어 문 당신에게 초롱초롱한 눈망울로 속삭이듯 이렇게 물어봅니다.

"… 맛이 어때?"

'어때'라는 종결어를 말한 뒤의 입가엔 미묘한 미소까지 감돕니다. 그런 친구의 두 눈을 불과 1m 거리 앞에서 쳐다보는 그때 당신의 입에서 나올 말은 사실 정해져 있습니다.

"응… 맛있네."

"맛이 그저 그런데…."라는 말을 차마 못한 당신은 그 순간 친구의 등에 비수를 꽂은 셈입니다. 친구는 그 말을 듣고 "그치? 맛있지?" 하고 웃으며 전 재산을 투입해 인테리어를 하고, 광고 전단지를 찍고, 배달원을 고용해 가게 문을 열었으니까요. 그리고 당신이 예측했듯, 그 친구는 대한민국 자영업자 대부분 몇 년 못 가 망한다는 통계를 입증한 또 다른 사례가 될 것입니다. 당신은 떡볶이를 맛본 그 순간 '솔직히 맛이 별로'라고 얘기해 줄 걸 그랬다 후회를 할지도 모릅니다. 하지만 같은 상황이 또 닥치더라도 당신과 그 친구 관계가 가족처럼 가깝지 않다면, 친구를 잃고 싶지 않기 때문에라도 당신의 입에선 또 다시 조건반사적으로 그 '악마의 유혹'이 튀어나옵니다. "응… 맛있네."라고 말이죠.

자, 입장을 바꿔 봅시다. 당신이 음식점을 개업하려고 합니다. 개업 전에 친구를 불러 어떻게 물어봐야 할까요? 이렇게 생각할지도 모릅니다.

"가족 같은 친척이나 아주 친한 친구에게만 맛을 보여 주고 물어보면 되지 않나요? 그럼 솔직히 얘기해 주겠죠."

그것도 위험하기 그지없습니다. 이미 가족처럼 친하다는 얘기는 같이 함께 경험한 게 많기 때문에 취향이 비슷할 우려가 있습니다. 세상 그 수많은 사람 중에 하필 그 사람과 가족처럼 친한 그 작은 확률만큼 둘 사이에 취향이 다를 확률도 적을 겁니다. 그럼 도대체 어떻게 물어봐야 할까요?

당신이 만드는 콘텐츠도 언제든 망한 떡볶이 가게 신세가 될 수 있습니다. 그래서 당신이 주변에 "이 글 읽어 보고 어떤지 얘기해 줄래?"라고 물어보고 반응을 관찰할 땐 그래서 주의해야 합니다. 답변자의 속내를 정확히 읽어 내야 한다는 겁니다. "재미있니?"라고 물어보면 그냥 "응, 재미있네."라고 예의상 답할 가능성이 농후합니다. 그래서 물어볼 때마다 '혹시 예의상 하는 말 아닐까'라는 의구심으로 내 질문에 답하는 사람의 마음을 들여다봐야 합니다. 그걸 '경청'이라고 합니다. 남의 말을 들을 때 그 사람 마음까지 느끼는 게 경청입니다.

경청을 위해 매우 유용한 한 가지 노하우는 상대방의 감정적인 반응을 관찰하는 것입니다. 정확히는 답변자의 심장에 주파수를 맞추고 그 마음을 느끼기 위해 온 마음을 다해서 들어야 합니다. 단서는 이른바 손짓, 몸짓, 표정, 숨소리 등 '논버벌(비언어적) 커뮤니케이션'에 있습니다. 저는 좋은 반응의 확실한 지표를 '격한 반응'이라고 부릅니다. 격한 반응이 나올 때 흔히 함께 나오는 의성어 또는 표현입니다.

"허얼"

"우와"

"대바악!"

"진짜 감동"

"꺄악"

"하아"

이 정도의 반응이 나와야 합니다. 그러면 의심할 여지없이 좋은 신호이고 한 표로 기록할 만합니다. 이 경우 대중이 그 콘텐츠를 봤을 때 추천하거나 공유할 만큼 좋은 반응으로 이어질 가능성이 크다고 해석할 수 있습니다. 한 곳에서 일어난 화학작용은 다른 곳에서도 동일하게 일어나기 때문입니다. 반면 이 정도 반응이 나오면 경계해야 합니다.

"음… 괜찮은데!"
"음… 좋은 것 같아."

이 정도의 약간 긍정적인 반응은 사실 예의상 한 말일 가능성이 큽니다. 대중이 이 글을 본다면 대충 보고 지나치거나 보지 않고 넘어갈 것이란 신호입니다. 그래서 이런 '약간 긍정적인 반응'은 과감하게 0표로 기록하는 게 좋습니다.

이렇게 10명에게 물어봐서 5표 이상이 나온다면, 즉 5명 이상이 '격한 반응'을 보인다면 그 콘텐츠는 성공할 가능성이 큽니다. 이게 바로 스브스뉴스 초창기의 회의 방식입니다. '이 아이템은 우리가 해야 한다'고 투표한 사람이 참석자의 과반수를 넘으면 채택합니다. 팀장인 제가 '이것 좀 하면 안 될까'라며 제안한 아이템도 투표 과정에서 표를 못 받으면 걸러져야 했습니다.

영상 또는 카드뉴스를 만드는 과정에서도 주변 동료들에게 보여주도록 했습니다. 가끔 너무 재미있어서 탄성이 나오는 경우가 있습

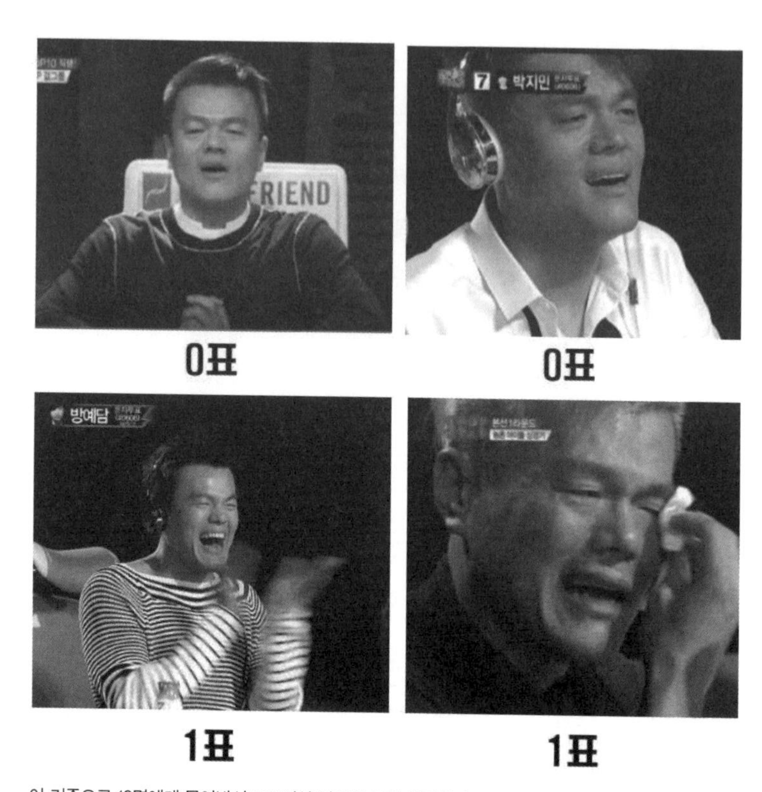

이 기준으로 10명에게 물어봐서 5표 이상 나오면 거의 성공한다.

니다. 또 때로는 옆 사람이 보다가 눈물을 흘리는 경우도 있었습니다. "아, 어떡해. 눈물 나."라면서 휴지를 달라고 하는 경우도 있었는데 그런 아이템은 온라인에 게시됐을 때 십중팔구 대박이 터집니다. 스브스뉴스 팀에서 대박의 기준은 1백만 명 이상 보는 것이었습니다.

그런데 열심히 노력해 글을 썼지만 '격한 반응'을 얻지 못했다면 어떻게 해야 할까요? 이걸 카드뉴스나 영상으로 만들어야 할까요, 말아야 할까요? 어떻게든 글을 개선해서 '격한 반응'을 받아 보려는 노력을 해야 하겠지만, 만약 정 안 된다면 그 작품을 혹은 그 프로젝트를 접는 것도 방법이라고 저는 조언합니다. 세계적인 투자가 워런 버핏(Warren Buffett)의 말을 인용하자면, 스트라이크 존에 들어와 최소 중전 안타 이상 칠 수 있는 볼만 골라서 그것만 때려야 합니다. 그렇게 투자해야 수익률이 높기 때문입니다. 배트를 휘두르지 말아야 할 때 안 휘두르는 게 진짜 실력입니다. 특히 프로 세계에선 그게 중요합니다.

아마추어라면 배트를 마구 휘두르며 실패에서 배우면 될 일이지만 좋은 결과를 꼭 내야 하는 프로라면 배트를 거둘 때는 거둬야 합니다. 즉 콘텐츠쟁이라면 사전에 격한 반응을 확인하고 배트를 휘둘러야 성공률이 높습니다. 당장 내 옆 사람과도 공감이 안 된다면 세상의 독자들과 공감이 되긴 쉽지 않은 겁니다.

다시 한 번 강조합니다. 물어보고 물어보고 또 물어봐서 격한 반응이 나올 때까지 구상을 한 뒤 콘텐츠 제작에 돌입해야 합니다. 이건 당신을 사랑하는 누군가가 당신에게 물어보고 물어보고 또 물어본 뒤 당신이 지금 간절히 원하고 있는 그것을 선물할 때 당신이 가장 기쁜 것과 완전 동일한 원리입니다. 물어보지 않고 함부로 판단하고 선물을 고른 뒤 받은 사람을 실망시켜 결국 돈 낭비, 시간 낭비할 필요가 있나요? 물어보고 물어보고 또 물어보고 쓸 때 비로소 당신이 세상에 뿌린 선물은 공감이라는 화학작용을 일으키며 널리 퍼질 것입니다.

스토리 발굴

초보는 1차원에서,
고수는 3차원에서 스토리를 뽑아낸다

이 챕터를 읽으면 좋은 점

콘텐츠를 기획할 때나 글을 쓰기 시작할 때 혹시 '아, 이거 참, 떠오르는 게 없는데 대체 뭘 써야 하지?'라는 생각이 밀려온 적 없었나요? 그런 생각이 들 때 저는 '어려서부터 책을 안 읽어서 아는 게 없어 그런가봐...'라고 스스로를 자책하기도 했는데요, 알고 보니 콘텐츠의 소재가 떠오르지 않는 이유는 따로 있었습니다. '좋은 답을 몰라서'가 아니라 '좋은 질문이 안 던져서' 소재를 못 찾았던 것이었어요. 세바시(세상을 바꾸는 시간 15분)에서도 발표한 바 있는 저만의 스토리 발굴 비법을 공개합니다.

스브스뉴스 팀은 처음엔 콘텐츠 부족에 시달렸습니다. 인턴 10명이 주축이었던 2015년 당시로서는 사실 프로페셔널 기자나 피디도 아닌 대학생들이 훌륭한 아이템을 발굴하기 힘들 것이라고 생각했습니다. 그래서 SBS 교양 프로그램 중 뉴스적 성격을 갖는 영상에서 이미지들을 캡처한 뒤 카드뉴스로 재활용하는 경우가 대부분이었습니다.

그러다가 아이템을 발굴할 수 있겠다는 희망을 찾은 건 아이템 회의 시간에 '질문의 힘'을 발견하면서부터입니다. 20대의 생각을 제대로 들어 보면서 그 속에서 핵심이 되는 '질문'을 발굴할 수 있었습니다. SNS에서 현재 뜨고 있는 소재나 이슈를 테이블에 올리고 자유롭게 토론하다 보면 "그게 왜 그런 것인지 엄청 궁금한데 누가 알아봐 주면 안 돼?"라는 질문이 나왔고 그럼 그걸 취재해 콘텐츠로 만들었습니다.

즉 대화 속에서 모두의 마음을 사로잡는 그 '질문'을 놓치지 않았던 겁니다. 특히 "헐" "대박" "말이 돼?"와 같은 '격한 반응'이 나오면 그런 반응을 나오게 한 '마음속 질문'이 무엇인지에 집중했습니다.

예컨대 이런 식이었습니다. 2014년부터 온라인 세상에서는 '보라색 눈동자의 아이' 사진이 퍼지고 또 퍼졌습니다. 사진에는 '1천만 분의 1 확률로 걸리는 희귀병인 알비노(백색증) 환자'라는 설명 글귀가 붙어 다녔습니다. 멜라닌 세포에서의 멜라닌 합성이 결핍되는 선천적 유전 질환인 이 알비노(백색증)에 걸리면 피부암에 쉽게 걸리는 것으로 알려져 있었습니다. 네티즌들은 아이가 불쌍하다고 댓글을 달며 동정했습니다.

그런데 스브스뉴스 팀 회의에서 "이 아이가 정말 알비노 환자 맞아?"라는 질문이 나왔고, 우리는 직접 확인해 보기로 했습니다. 결과

2014년쯤 온라인에 많이 실린 '보라색 눈동자 아이' – 알비노 환자로 불렸다.

는 예상 밖이었습니다. 이 사진의 최초 출처에 접근해 보니 한 유튜브 영상이었는데 영상 아래 설명란에는 "평소엔 파란 눈동자인데 어떨 땐 신기하게도 이렇게 보랏빛으로 카메라에 찍힌다."라는 문구가 있었던 겁니다. 그 아이는 알비노 환자도 아니었고, 파란색 눈동자의 평범한 아이였습니다. 그 아이 입장에서는 한국이라는 나라에서 수백만 명의 네티즌들이 자신의 사진을 돌려 보며 "알비노 환자라 불쌍해." "피부암이야."라고 말하고 있었다는 사실을 알게 되면 얼마나 황당할까요?

게다가 안과 전문의에게 문의한 결과, 눈빛이 보라색이라고 반드시 알비노 환자인 것도 아니었습니다. 알비노 환자 중에 눈빛이 보라색인 경우가 적지 않을 뿐 눈빛이 보라색인 사람들 가운데 알비노와 아무런 상관이 없는 사람이 태반이었습니다. 대한민국 수많은 네티즌들이 오해하고 있던 '보라색 눈동자 아이' 사진의 진실을 알려 준 그 스브스뉴스 카드뉴스는 이런 과정을 통해 태어났습니다. "그거 사실이야?"라는 질문 하나 덕분에 좋은 콘텐츠를 발굴할 수 있었던 것입니다.

좋은 콘텐츠란 좋은 답보다는 좋은 질문이 승부처다.

요컨대 보석 같은 콘텐츠를 발굴하는 방법은 아이디어와 아이디어가 만나는 대화의 장을 마련하고 그 속에서 나오는 '좋은 질문'을 뽑아내는 것입니다. 특히 회의 참여자들이 박장대소하거나, 다들 격노하거나 궁금해하는 등 '격한 반응'이 관찰되면 '왜 이런 반응이 나온 것이지?'라는 의문을 갖고 '좋은 질문'을 뽑아내야 합니다. 추후 스브스뉴스 팀에서는 좋은 질문의 정의를 이렇게 내렸습니다.

> '좀 더 깊이가 있는 질문'
> '좀 더 본질적인 것을 건드리는 질문'
> '좀 더 인사이트가 있는 질문'

팀 내에서는 이런 좋은 질문을 '인뎁스 퀘스천(in-depth question)'이라고 부르기도 했습니다. 이렇게 깊이가 있는 질문을 던진다는 건 사실 쉬운 일이 아닙니다. 그런 질문이 잘 떠오르지 않거든요. 상당한 노하우와 연습도 필요합니다. 그런데 이걸 자동으로 쉽게 해 주는 방법이 하나 있어 소개합니다.

이름하여 3차원 좌표법입니다. 「세상을 바꾸는 시간 15분」이라는 프로그램에 출연해 이 방법에 대해 강연한 적이 있는데 그때 세바시의 구범준 피디께서 '3차원 좌표법'이라는 이름을 붙여 줬습니다.

① 과거 – 현재 – 미래 축

하나의 뉴스가 있다고 해 봅시다. 일단 그 뉴스를 발생시킨 원인이 되는 과거가 있고, 그 뉴스로 인해 앞으로 벌어질 미래가 있을 것입니다. 현재 내가 보고 있는 뉴스를 중심으로 '과거-현재-미래'라는 축을 하나 마음속으로 그려 보는 것입니다. 과거에 대해 질문을 던지고 또 던지면 그 현상을 일으킨 본질과 그 원리가 보입니다. 그러면 그 본질과 원리를 제대로 알게 되고, 응용할 수도 있습니다. 본질과 원리는 항상 통하기 때문에 현재뿐 아니라 미래에도 동일하게 작

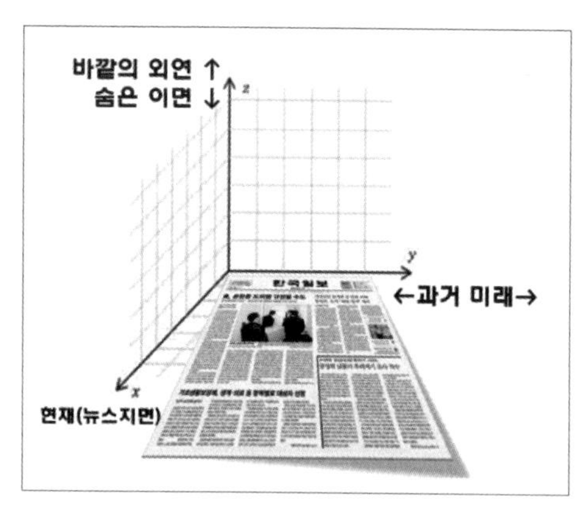

좋은 질문을 뽑아내는 발상을 위한 3차원 좌표법

용합니다. 즉 원리를 제대로 알면 미래를 내다보며 예측할 수 있습니다. 자, 이런 질문을 던져 봅시다.

(과거) "과거에 무슨 일이 있었기에 이런 일이 일어난 것인지?"
(미래) "미래엔 과연 이 현상이 어떻게 변모하게 될까?"

② 이면 – 현상 – 외연 축

'과거-현재-미래'의 시간 축에 대해 생각해 볼 것을 다 해 봤다면 이번엔 다른 축을 하나 더 그려 봅시다. 이번엔 신문을 중심으로 좌우가 아니라, 신문의 지면 뒤에 가려진 뒷면과 지면의 위쪽으로 펼쳐진 드넓은 바깥세상을 상상합니다. 지면 아래 가려진 뒷면이 '사건의 숨겨진 이면'이고 지면 위쪽의 넓은 세상이 '사건의 외연'입니다.

세상의 모든 현상에는 눈으로는 잘 보이지 않는 이면이 존재합니다. 그 이면엔 세상에 알려져 있는 것과 다른 진실이 숨어 있는 경우가 많습니다. 표출된 현상과 본질이 다른 경우입니다. 위에서 사례로 든 '보라색 눈동자의 아이 사진'의 경우도 그 이면을 알아보니 알려진 소문과 전혀 다른 진실이 숨겨져 있었던 겁니다.

이번엔 시각을 좁히지 말고, 반대로 바깥으로 넓혀 봅시다. 그 현상의 외연을 확장해 보는 것입니다. 사고의 틀을 넓히면 전에는 없던 통찰력이 생깁니다. 우리나라에서는 당연해 보이는 어떤 현상이 다른 나라에선 이상한 일로 보일 수 있습니다. 우리가 처한 현실을 좀 더 객관적인 시각으로 볼 수도 있습니다. 자, 이런 질문을 던져 봅시다.

(이면) "보이는 것만이 정말 사실일까? 숨겨진 진실은 다르지 않을까?"

(외연) "우리나라에선 그렇다 쳐도 나라 밖에서도 마찬가지일까? 세계인들은 이 현상을 어떻게 볼까?"

3차원 좌표법은 이렇게 '과거-현재-미래 축'과 '이면-현상-외연 축'을 그어 가며 생각의 지평을 넓혀 보는 아이템 발굴법입니다. 스브스뉴스에서 제작한 아이템을 중심으로 3차원 좌표법의 활용 방법을 알아봅시다.

3차원 좌표법 발굴 사례 1: '과거'에서 찾은 아이템

2017년 여름, 문재인 대통령 당선 직후 '파격의 연속'이라는 제목으로 대통령의 행보를 전하는 기사가 자주 나왔습니다. 아이스 아메리카노를 들고 터벅터벅 산책하는 문 대통령과 참모진의 모습은 일반 직장인들과 다를 바 없어 보였습니다. 이런 사진과 기사를 대충 보면 "응, 그렇구나."라며 그냥 지나치기 쉽습니다. 그런데 스브스뉴스 팀

chosun.com 정치

뉴스 오피니언 경제 스포츠 연예 라이프 건강 포토

국회 · 정당

문재인 대통령의 첫 하루는 파격의 연속...야딩
용·배경 설명

이옥진 기자

입력 : 2017.05.10 19:09 | 수정 : 2017.05.10 19:29

113

0

문재인 대통령. /뉴시스

문재인 대통령의 첫 하루는 파격의 연속 (조선일보, 2017. 5. 10)

에서는 이 사진을 좀 더 째려봤습니다. 이 현상을 있게 한 과거는 무엇이었을까요? 어디서 비롯된 것일까요? 찾고 찾아보니 '대통령의 파격 행보'의 원조는 故 노무현 전 대통령이었습니다. 때는 15년 전으로 거슬러 올라갑니다. 선거에서 승리한 직후 당선인 시절 노 대통령은 2002년 초 여의도 대중목욕탕에 가서 시민들과 대화했습니다. 그때는 우리나라가 발칵 뒤집혔습니다. 일부 신문에서는 '대통령의 품격'에 문제를 삼았습니다. 이후 노 전 대통령이 파격 행보를 보일 때마다 '리더십이 흔들리고 있다'라는 시선이 제기됐고 '그래서 국민들이 불안해한다'라는 논리로까지 발전했습니다. 취임 초기부터 공격받는 대통령이 안쓰러워 보였는지 당시 유시민 작가는 한 언론 인터뷰에서 "이런 장면이 낯설 수밖에 없지만 언젠간 인정하는 날이 올 것"이라며 노 대통령은 두둔하기도 했습니다.

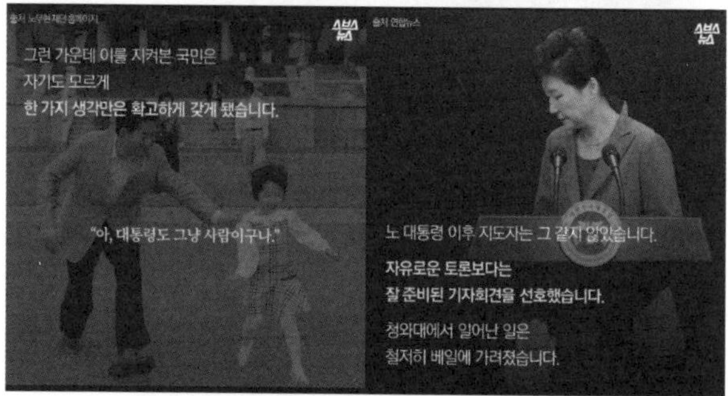

스브스뉴스 '오늘 목욕탕에서 대통령을 만났다.' (2017. 6 정유정 인턴)

이렇게 '과거'를 헤집어 보는 과정을 거쳐 스브스뉴스 팀에서는 '오늘, 목욕탕에서 대통령을 만났다.'라는 제목의 카드뉴스를 제작했습니다. 노 전 대통령이 대중목욕탕에 간 그날, 대한민국 사회에서는 전무후무한 새로운 역사가 쓰이고 있었던 겁니다. 바로 국민들 사이 '대통령도 사람이네.'라는 생각이 싹트기 시작한 겁니다. '불안하다' '리더십의 부재다'라는 신문 헤드라인이 끊이지 않았는데도 노 전 대통령은 끊임없이 탈권위 행보를 이어 갔고, 그것은 '대통령다움'에 대한 새로운 역사가 쓰인 순간이었습니다. "대통령다움에 대한 새 역사를 쓴 인물이 남긴 이 말은 이제 진짜 현실이 됐습니다."로 이 카드뉴스는 끝을 맺습니다.

> "저 멀리 높은 곳에 있는 권력자가 아니라 언제든 가까운 곳에 있겠습니다. 여러분이 손을 내밀면 잡을 수 있는 곳에 있겠습니다." - 故 노무현 전 대통령 -

이 카드뉴스는 순전히 '과거 현재 미래 축'을 살펴본 뒤 얻어 낸 아이템이었습니다.

3차원 좌표법 발굴 사례 2:
'이면'을 들여다보다 발견한 아이템

2017년 5월 대선을 앞두고 홍준표 자유한국당 후보를 둘러싸고 돼지 발정제 사용 논란이 일었습니다. 그의 자서전에서 마음에 드는 여성을 유혹하기 위해 돼지 발정제를 먹인 친구의 일화를 다소 흥미 위주로 전했다는 사실이 알려지면서 논란이 촉발됐습니다. 당시 그는 자신의 페이스북에서 사과문을 올리고 용서를 구했습니다. 드러난 현상만 보면 후보가 사과 의사까지 밝혔으니 이제 더 이상 이 논란과 관련해 이슈화 할 것이 없어 보입니다.

그런데 당시 스브스뉴스 팀은 그 현상의 이면을 자세히 살펴봤습니다. 홍준표 후보 페이스북 사과문 아래 달려 있는 댓글들을 하나하나 분석해 보니, 상당수의 사람들이 여전히 여성에게 불법 약물을 먹이는 행위에 대해 관용적인 시선을 갖고 있는 것으로 파악됐습니다. 댓글 분석 결과, 여성을 유혹하기 위해 돼지 발정제를 먹이는 행위에 대해 3가지 코드가 발견됐습니다. 첫째, 누구나 해 봤던 '장난'이므로 이해할 수 있다는 시선이었습니다. 둘째, 혈기왕성한 '어린 시절' 일이므로 이해할 수 있다는 시선도 있었습니다. 셋째, 여성의 지위가 낮았던 45년 전 '옛날' 일이므로 그럴 수도 있었다는 반응도 있었습니다. 그래서 스브스뉴스 팀은 여성에게 몰래 약물을 먹이는 행위에 대해 우리 사회의 관용적인 시선은 45년 전이나 지금이나 별로 달라진 것이 없다는 점을 지적하는 카드뉴스를 제작했습니다. 영화, 소설

스브스뉴스 '돼지 발정제를 바라보는 따뜻한 시선' (2017. 4. 28 김경희 에디터, 이희령 인턴)

등 미디어에서도 최음제 먹이기를 장난 정도로 그려 낸 사실과 여전히 인터넷 쇼핑몰에서는 이런 불법 약물이 공공연히 거래되고 있다는 사실도 언급했습니다.

한 대선 후보의 사과 게시물을 자세히 들여다본 결과 그 이면에 숨어 있는 '돼지 발정제를 바라보는 우리 사회의 관용적인 시선'을 발견해 이를 콘텐츠로 제작할 수 있었고 적지 않은 반향을 일으켰습니다.

3차원 좌표법 발굴 사례 3:
'외연'을 넓혀 보다 발견한 새로운 시각

2017년 11월 10일자 조선일보에는 '예산 털어 최저임금… 전례 없는 실험'이라는 기사가 실렸습니다. 최저임금이 갑자기 오르자 소상공인들의 부담이 커져 정부가 무려 3조 원이라는 엄청난 지원금을 책정해 '전례 없는 실험'에 나섰다는 소식입니다. 문재인 정부가 추진하는 최저임금 인상의 효과와 관련한 우려와 논란을 부각하고 있습니다. 언론으로서 최저임금 인상의 효과에 의구심을 던지는 시각은 충분히 타당하고 바람직하다고 저는 개인적으로 생각합니다. 그런데 '전례 없는 실험'이라는 말이 전하는 '경각심'은 사실 우리나라 안에서만 통하는 이야기일지도 모릅니다. 이미 예전부터 세계적으로 최저임금을 올리는 실험을 여러 차례 해 왔기 때문입니다.

자, 이 '최저임금 인상에 3조원 투입한 전례 없는 실험'이라는 현상을 가지고 외연을 넓혀 볼까요? 시각을 넓게 가지고 세계적으로 보

朝鮮日報
1920년 3월 5일 창간
chosun.com

'예산 털어 최저임금' 전례없는 실험

정부, 세금 3兆 빼내 300만명에게 月13만원씩 1년 지원
민간 임금을 國庫서 댄 유례가 없고… 후년부터도 문제

'예산 털어 최저임금, 전례없는 실험' (조선일보, 2017. 11. 10)

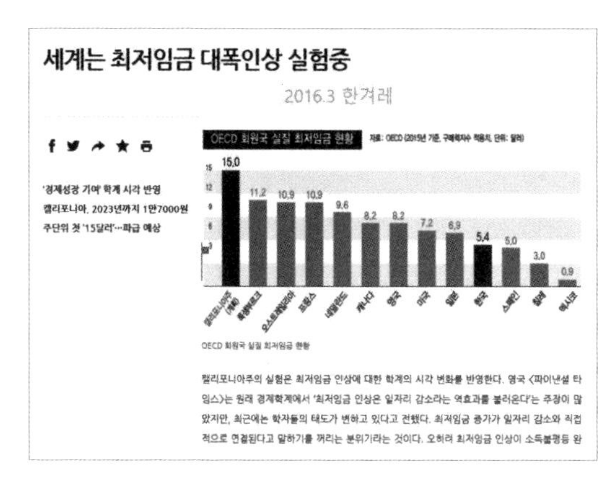

세계는 최저임금 대폭인상 실험중

2016.3 한겨레

'경제성장 기여' 학계 시각 반영
캘리포니아, 2023년까지 1만7000원
주단위 첫 '15달러'…파급 예상

OECD 회원국 실질 최저임금 현황

캘리포니아주의 실험은 최저임금 인상에 대한 학계의 시각 변화를 반영한다. 영국 <파이낸셜 타임스>는 원래 경제학계에서 '최저임금 인상은 일자리 감소라는 역효과를 불러온다'는 주장이 많았지만, 최근에는 학자들의 태도가 변하고 있다고 전했다. 최저임금 증가가 일자리 감소와 직접적으로 연결된다고 말하기를 꺼리는 분위기라는 것이다. 오히려 최저임금 인상이 소득불평등 완

'세계는 최저임금 대폭인상 실험중' (한겨레신문, 2016. 3. 31)

니, 세계 곳곳에서는 지금 최저임금 인상 실험이 진행 중이었습니다. 2016년도 한겨레신문 기사에 따르면 캘리포니아에서는 2023년까지 17,000원까지 올리는 파격적인 실험을 해서 세계적인 주목을 받았습니다. 이제는 학자들도 최저임금을 높임으로써 기본 소득이 올라야 경제도 잘 돌고, 소득 불평등이 완화된다는 쪽에 관심을 가지기 시작했다고 이 신문은 전합니다. 어찌 보면 우리나라의 최저임금 실험은 '전례 없는 실험'이라기보다는 '세계적으로 봤을 때 조금 늦은 실험'이라고 볼 수도 있습니다. 최저임금에 대해 외연을 넓히면 이렇게 보다 폭넓은 시각으로 볼 수 있는 통찰력이 생깁니다.

좋은 질문을 뽑아내 스토리로 발전시키기 위한 10가지 질문법

어떤 현상을 3차원 좌표법으로 봐도 아이템이 잘 나오지 않으면 제가 쓰는 또 다른 방법이 있습니다. 어떤 현상이 하나 발생했을 때 그것과 관련해 어떻게든 아이템을 뽑아내기 위해 제가 나름대로 정리해 놓은 방법론입니다. SNS에서 널리 퍼지는 좋은 콘텐츠를 긁어모은 뒤 "이 아이템은 어떤 발상을 바탕으로 만들어졌을까?"라고 질문을 던지며 스스로 연구한 결과, 10가지 질문법을 발견했습니다. 어떤 현상이든 많은 사람들이 관심을 갖고 있다면, 이 10가지 질문법을 대입해 질문과 답을 찾다 보면 좋은 아이템을 찾을 수 있을 것입니다.

이 질문법을 이용하려면 우선, 세상의 그 어떤 현상도 독립적으로 존재하지 않고 그걸 둘러싼 수많은 것들과 연결돼 있다는 관점이 필요합니다. 연습을 해 볼까요? 당신이 지금 이 책을 보는 순간 주변에 있는 아무 사물이나 노려보기 바랍니다. 컵이어도 좋고, 연필이어도 좋고, 먹을 거여도 좋습니다. 자, 질문 들어갑니다. 하필 그게 왜 거기 있을까요? 그게 거기 그 모습으로 있다는 건 쉽게 말해 무슨 의미인가요? 거기 그게 있는 게 대체 나랑 무슨 상관일까요? 거기 그게 있다는 건 비유하자면 어떤 일과 같나요? 거기에 그게 있었던 건 예전에도 있던 일인가요? 거기 그게 있기 때문에 지금 내 눈에 보이지 않는 건 없을까요? 거기 그게 있다는 게 확실한 팩트인가요? 다른 관점에서 해석할 순 없을까요? 그것과 관련된 정보를 모아 볼 순 없을까요?

이렇게 눈앞의 작은 물건을 가지고도 수많은 질문을 던져 볼 수 있습니다. 모두들 현재 관심 갖고 있는 하나의 현상에 주목한 뒤 이런 식으로 계속 다양한 관점의 질문을 던지다 보면 스토리 주제가 갑자기 확 눈에 보입니다.

스토리를 발굴하기 위한 10가지 질문법

1) **[궁금증]** 이와 관련해 내가 진짜 궁금한 건 무엇인가?
→ 궁금증 해결 아이템

2) **[이해]** 이게 쉽게 말해 무슨 말인가?
→ 단순화해 쉽게 설명한 아이템

3) **[나와 관련성]** 왜 이걸 꼭 알아야 하나? 그것이 독자의 인생과 무슨 상관이 있나?
→ '내 인생과의 관련성' 설명 아이템

4) **[풍자]** 이것은 마치 무엇과도 같은 일인가?
→ 풍자 아이템 (비유, 은유)

5) **[원리]** 그 속에 숨어 있는 근본적인 과학 원리는?
→ 과학 아이템, 의학 아이템

6) **[역사]** 예전에도 비슷한 일이 있었나? 그 속에 숨어 있는 역사적인 배경은?
→ 인문학 아이템, 역사 아이템

7) **[이면]** 숨겨진 이야기, 미공개 영상은 없을까?
→ 사건의 이면 아이템

8) **[팩트 체크]** 정말 그 팩트가 맞나? 오해의 여지는 없나?
→ 검증 아이템

9) **[다른 프레임]** 현재 여론이 보는 프레임과 다른 관점에서 본다면? (심리학적 관점, 사회학적 관점, 생태학적 관점 등)
→ 발상의 전환 아이템, 새로운 관점 발견 아이템

10) **[큐레이션]** 바로 써먹을 수 있도록 그와 관련된 것을 모두 모아 준다면?
→ 총정리 아이템, 큐레이션 아이템, 꿀팁 모음 아이템

예컨대 한 금융 기업 사내 방송 팀에서 모든 사원이 보고 싶어 할 만한 콘텐츠의 주제를 찾아야 한다고 가정해 봅시다. 먼저 할 일은 콘텐츠를 보게 될 직원들과 진솔한 대화를 나눠 보는 자리를 갖는 것입니다. 대화 도중 어떤 이야기를 할 때 소위 '빵 터지는지' 혹은 표정이 돌변하는지 관찰하고 기록해 두는 거죠. 즉 격한 반응이 나오는 지점을 관찰하는 겁니다. 직원들 사이 이야기꽃을 피우다 보면 다양한 소재가 튀어나올 것입니다. '애인에게도 가입시키고 싶은 금융 상품', 직원들이 궁금해하는 CEO의 일상 습관, 진상 고객에 지혜롭게 대처하는 방법, 직장 내 갈등을 푸는 방법 등 직원들이 진짜 흥미 있어 하는 이슈는 참 많을 거라고 생각합니다. 대화를 통해 그렇게 소재들을 모아 기록한 다음 하나씩 보면서 10가지 발상법을 대입하며 주제를 좀 더 좁혀 보는 겁니다. '진상 고객'이라는 소재 하나만 갖고도 10가지 질문법을 적용해 아래와 같이 10가지 질문 혹은 답을 던지면서 핵심 주제를 뽑아낼 수 있을 것입니다.

1) **[궁금증]** 대체 그 사람들은 왜 그러는 것일까? 궁극적으로 무엇이 문제인가?
2) **[이해]** 진상 고객의 유형별 발생 원인… 이해하기 쉽게 설명한다면?
3) **[나와 관련성]** 지점에 있지 않은 직원들도 알아야 한다. 왜냐하면…
4) **[풍자]** 진상 고객은 마치 OO과도 같은 사람들이다.
5) **[원리]** 분노 속에 숨어 있는 근본적인 심리학적인 원인 무엇인가?
6) **[역사]** 역대급 진상 고객 베스트 10
7) **[이면]** 진상 고객 관련한 숨겨진 이야기
8) **[팩트 체크]** 진상 고객으로 보고가 올라온 사건… 혹시 우리 직원 잘못은 없었나?
9) **[다른 프레임]** 발상의 전환! 진상 고객 대처법을 바꿔 오히려 매출을 올린 기업 사례는 없나?
10) **[큐레이션]** 바로 써먹을 수 있는 진상 고객 대처법 BEST 5

자, 그 다음 위의 10가지 아이템 관련해 좀 더 자료와 증언을 수집한 다음, 이 중 어느 것이 가장 좋은 콘텐츠가 될 것인지 투표에 부쳐 보는 겁니다. 그런 다음 즐겁게 제작합니다. 이런 순서대로만 만든다면 콘텐츠 만들기 그렇게 어렵지 않겠죠?

실천 노트: 좋은 아이템을 찾는 법

1. 뉴스에서든 대화에서든 소재를 찾는다.
2. 그 소재를 과거–현재–미래의 축으로 입체적으로 살펴보며 다양한 질문을 던진다.
3. 그 소재의 숨겨진 이면엔 뭐가 없을지 의심해 보고, 바깥 세계로 외연을 넓혀 본다.
4. 그래도 아이템이 나오지 않으면, 10가지 질문법(궁금증, 이해, 관련성, 풍자, 원리, 역사, 이면, 팩트 체크, 다른 프레임, 큐레이션)을 대입해 보며 '좋은 질문'을 찾는다.
5. 누구나 사로잡을 만한 좋은 질문을 찾았다면 그게 바로 아이템이다. 그 아이템에 대해 더 자료를 모으고 글을 쓰고 이미지를 붙여서 콘텐츠로 만들면 된다.

전달 방식

초보는 주입식으로 설명하고, 고수는 독자가 체험해 보도록 상황만 묘사한다

이 챕터를 읽으면 좋은 점

대한민국에서 정규교육을 받은 사람 대부분은 '설명을 잘하는 게 좋은 글쓰기다'라고 착각하고 있다는 사실을 아시나요? 그건 꼭 그렇지 않거든요. 왜냐고요? 여러분은 누가 여러분한테 다가와 '내가 제일 잘 알아'라는 식으로 이러쿵저러쿵 설명하는 걸 좋아하시나요? 아니면 '내가 이런 일을 겪었는데 말야'라면서 스토리텔링하는 걸 좋아하시나요? 똑같은 메시지를 담은 콘텐츠인데 그 전달력과 매력도를 2배 이상으로 끌어올리는 비법을 이 챕터에서 공개합니다.

세상에는 두 가지 종류의 글이 있습니다. 하나는 어떤 상황에 대한 답이 정해져 있고, 독자에게 그 답과 논리를 주입하려고 설명하는 글입니다. 두 번째로, 상황을 있는 그대로 보여 주고 독자가 스스로 판단해 보게 하는 글도 있습니다. 저는 전자를 설명체, 후자를 묘사체라고 부릅니다.

아래 두 가지를 읽어 보고, 당신이 받는 느낌에 주목해 주세요.

[설명체로 말하는 사람]

제 말 좀 잘 들어 보세요. A는 사실 B와 관련이 있고요, 근거는 이러이러한 이유에서입니다. 아셨나요? 하나 더 말씀드릴게요. B는 사실 C와도 상관관계가 있어요. 그러니 결과적으로 A는 C랑 아주 밀접한 관계가 있다는 거예요. 전문가들도 그렇게 얘기해요. 이제 이해가 좀 되시나요? 다시 설명드릴 필요 없겠죠?

[묘사체로 말하는 사람]

재미있는 얘기 하나 해 드릴까요? 저는 원래 A랑 B랑 별개인 줄 알았는데, 제가 살다 보니 이러이러한 경험하게 됐어요. A와 B가 관련이 있다는 걸 알게 된 거죠. 그런데 누가 어느 날 저한테 얘기하는 거예요. "심지어, B랑 C도 연결 고리가 있어."라고 말이죠. 그래서 제가 간신히 깨달은 게 A와 C가 밀접한 관계였다는 것이었어요. 정말 놀라웠어요. 당신 생각은 어떠신가요?

어떤 느낌인가요? 당신에게 설명하려는 사람과 묘사하려는 사람 중에 당신은 누구의 이야기를 더 듣고 싶나요? 누가 당신을 판단의 주체자로 받들고 있나요? 그러니까, 누가 당신의 판단력을 존중하고 있나요?

빠른 전달이 아니라 공감을 목적으로 하는 콘텐츠를 제작하고자 한다면 독자에게 논리적 설명으로 주입하기보다는 있는 그대로 묘사를 하면서 체험하고 느끼게 하는 편이 훨씬 유리합니다.

설명하는 글은 일단 지겨운 편입니다. 교과서 문체이기도 하고, 학교 수업 시간에 지겹게 들어 왔습니다. 나에게 논리를 주입하려 하기 때문에 거부반응이 들기도 합니다. 누구나 한 가지 사실에 대해 들으면 그게 '맞을까? 틀릴까?' 하고 판단해야 하는데, 설명체는 그 판단력을 무시하고 그저 받아들여야 한다거나 외워야 한다는 식으로 말하는 겁니다. 그래서 '내 생각은 달라'라는 생각이 들면 그 설명에 반감이 듭니다. 공감이라는 목표를 위한 글쓰기라면, 독자로 하여금 이성적으로 따지게 해서 좋을 게 하나도 없거든요.

묘사체의 전달력이 강한 이유?
대형 마트 시식 코너로 가 보자.

대형마트 식품 코너에서는 시식대 판매원을 볼 수 있습니다. 항상 일단 맛을 보여 주며 시작하죠. 맛을 느끼는 소비자가 관심을 표하면 그제야 왜 이 식품이 뛰어난지, 얼마나 좋은 환경에서 나온 재료인지 정보를 주는 방식입니다. 논리적 사고를 하기 이전에 맛을 체험하고 일단 호감부터 갖게 된 뒤에 궁금한 부분에 대해 설명을 들으니, 소비자는 '이걸 사야 돼'라는 강렬한 욕구를 갖게 됩니다. 제품을 사야 하는 이유를 하나하나 설득하는 게 아닙니다. 우선 겪어 보게 하고 나서 궁금증을 풀어 주는 방식입니다. 한 번도 주입하지 않았는데도 결과적으로 매우 설득력이 있고 끌어당기는 힘이 있는 방식입니다.

말하기와 글쓰기에서 묘사는 독자에게 있는 그대로 보여 주는 것입니다. 그냥 한번 겪어 보게 하는 거죠. 독자에게 이성적인 논증으로 설득하는 것이라기보다는 살아 있는 느낌을 그냥 전달하는 겁니다.

묘사체는 단지 생생하게 그려 냈을 뿐인데도 훨씬 가볍게 '훅' 하고 마음에 들어옵니다. 그때 어떤 특정한 이미지가 독자의 머리에 맺힙니다. 그러면 독자는 간접 체험을 하게 됩니다. 그러면 느낌이 오고 자신도 모르게 공감이 됩니다. 공감의 울림이 크면 '감동'이 됩니다. 분별도 판단도 모두 필요 없죠. 그냥 겪었고, 느꼈을 뿐인데, 마음이 움직입니다. 독자가 논리적으로 따질 새도 없이 감성적으로 몰입했다면 스피커 또는 글쓴이가 거둘 수 있는 최고의 성공입니다. 이 과정을 도식화하면 아래와 같습니다.

묘사 → 간접 체험 → 공감 → 감동

반면, 설명체 문장을 본 독자의 반응은 이렇습니다. 논리로 들이대면 독자도 논리로 대응합니다. 글쓴이가 전달 또는 설득에 성공할 확률은 절반입니다. 독자는 수긍하거나 거부할 것이니까요. 이를 도식화하면 아래와 같습니다.

논리 설득 → 독자도 논리적 이해 → 판단 & 분별 → 수긍 또는 거부

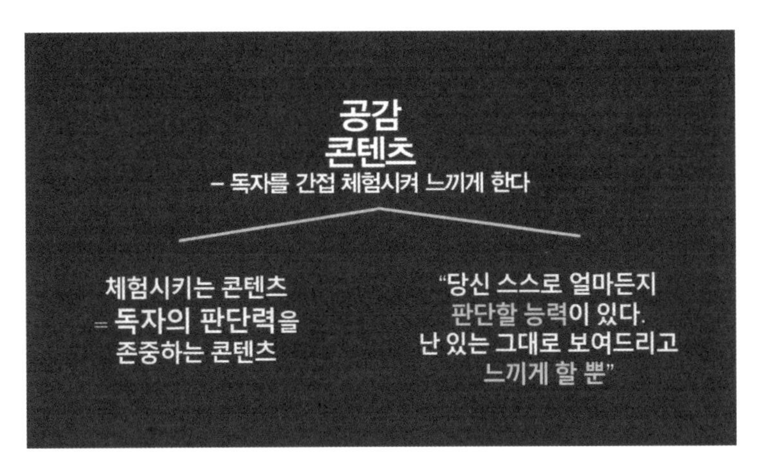

스브스뉴스 인턴 교육용 슬라이드(2017)

독자를 받드는 글쓰기 =
있는 그대로 묘사해 판단의 공을 독자에게 넘기기

설명체는 공급자가 대단한 전문가라거나 잘났다는 것을 전제로 할 때만 효과가 있는 글입니다. 글쓴이가 그렇게 대단한 사람이 아니라면 대부분 묘사체가 독자를 공감시키는 데 훨씬 유리합니다. 묘사체는 독자를 대하는 태도부터 겸손합니다. 판단의 주체는 당신이라고 받드는 것입니다. 공급자(글쓴이)보다는 수요자(독자)의 입장에서 수요자를 위한 글쓰기입니다.

그러면, 스브스뉴스에서 실제로 인턴 대학생이 써 온 초안을 바꿔 재구성한 사례를 보겠습니다. 이 초안을 쓴 인턴은 안 그래도 굉장히 잘하는 친구였는데, 이 작품을 계기로 몰라보게 글쓰기 실력이 늘었습니다. 똑같은 내용이 어떻게 설명체에서 묘사체로 바뀌었는지 살펴보겠습니다.

> **# 연봉 0원짜리 변호사**
> 파산한 변호사는 누가 지켜 주나요?
>
> **# 변호사 평균 연봉이 1억 545만원 시대**
> 심지어 판사 출신 변호인은 100억 원대의 수임료를 받는 세상
>
> **# 그런데 여기 연봉이 0원이라는 한 변호사가 있습니다.**
> 바로 박준영 변호사입니다.
> 심지어 최근에는 파산 위기에 처했다고 하는데요.
> 어쩌다가 돈 잘 버는 변호사가 파산할 지경까지 된 걸까요?
>
> **# "엉뚱한 사람이 누명을 써서 형이 확정되고 복역을 한 상태라면 다시 재심을 받기는 거의 불가능에 가깝습니다."**
> 박준영 변호사는 엉뚱하게 누명을 쓴 사람들이 오명을 벗을 수 있도록 재심을 진행해 달라고 말하는 재심 전문 변호사입니다.
>
> **# 약촌 오거리 살인 사건**
> 2000년 8월 10일에 전북 익산에서 한 택시 기사가 칼에 찔려 살해된 사건입니다. 처음 용의자로 지목돼 징역을 살았던 한 소년의 누명을 벗기기 위한 재심 청구 절차를 진행 중입니다.
> (중략)

사실 위 초고를 작성한 인턴 학생은 돈 안 되는 재심 사건만 도맡다가 파산 위기에 처한 박준영 변호사를 도와주려는 마음을 강하게 갖고 있었습니다. 이 카드뉴스로 박 변호사를 위한 크라우드 펀딩을 할 계획이었기에 펀딩에 성공하고자 하는 강한 의지를 갖고 글을 쓰

기 시작했던 겁니다. 그 설득 의지는 글에 그대로 담겨 있습니다. '파산한 변호사는 누가 지켜 주나요?'라며 제목부터 설명으로 설득하려는 드라이브를 걸고 있죠. 글쓴이의 속내를 들켰기 때문에 효과가 반감된 채로 독자는 글을 읽기 시작합니다.

하지만 이렇게 박 변호사가 얼마나 노력했고, 얼마나 힘들었는지 이해해 달라며 논리적으로 설명하려 할 경우 독자들은 자기도 모르게 박준영 변호사라는 인물에 대해 '이성적인 판단'을 하게 됩니다.

이보다 훨씬 효과적인 방식은 그냥 박 변호사가 활약하던 그때 그 시간으로 독자들을 '순간 이동'시키는 것입니다. 마치 박 변호사를 옆에서 바라보듯 그 사건과 상황을 '묘사'하는 거죠. 그러면 독자들은 어렴풋이나마 박 변호사를 간접 체험하게 되고, 그러면 박 변호사라는 인물에 대해 마음으로 느껴 볼 수 있게 됩니다. 그렇게 공감이 되고 감동이 된다면, 이성이 작동할 새도 없이 감정이 피어오르겠죠. 그리고 이런 생각이 떠오를 겁니다.

'저렇게 희생하는 훌륭한 분이 망하게 내버려 둬선 절대 안 돼!'

인턴 학생에게 이런 묘사 방식으로 전략을 바꿔 보자고 했더니 그게 훨씬 좋을 것 같다고 해서 힘들지만 처음부터 다시 써 보기로 했습니다.

저와 인턴 학생은 머리를 맞대고 상의하며 함께 구성을 바꿨고, 최종본은 아래와 같이 나왔습니다.

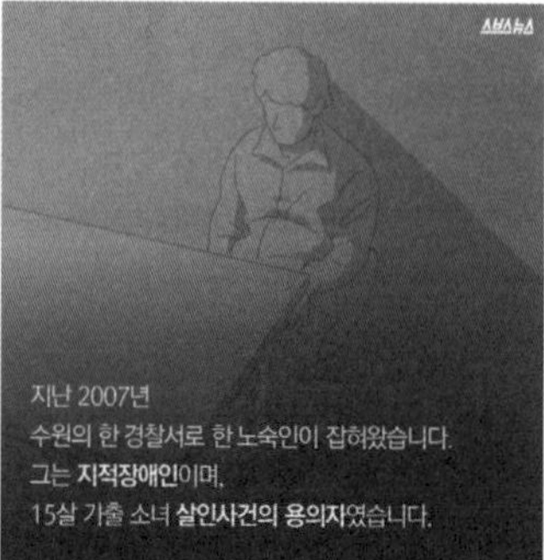

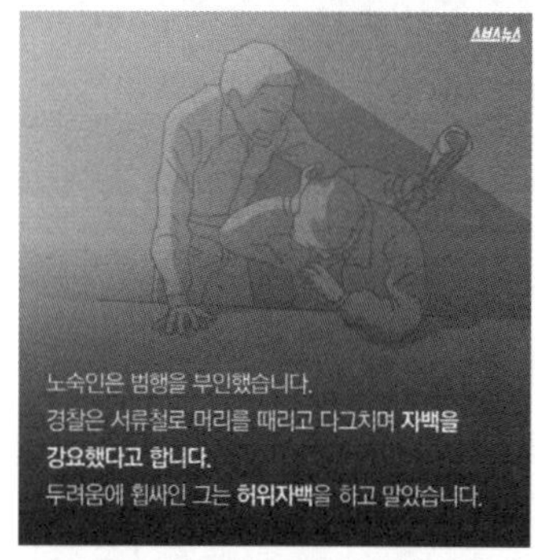

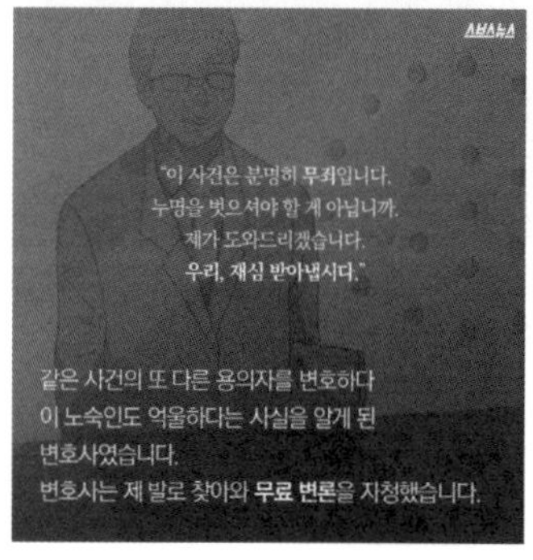

그가 바로 **'바보 변호사'**, 박준영입니다.
그는 수감 중이던 노숙인은 사법피해자라며
재심을 청구했고, 결국 **무죄**를 받아냈습니다.
무려 **6년**을 매달려 얻어낸 **정의의 승리**였습니다.

스브스뉴스 '억울한 피해자 볼 때마다 무료 변론… 바보 변호사' (2017)

독자를 순간 이동시켜 체험하게 한 뒤 비로소 마지막에 할 일

그런데 아무리 묘사체로 전달하고자 하더라도 내가 꼭 설명하고 싶은 나만의 주장 또는 나만의 메시지가 있다면, 그건 어디에 넣는 게 좋을까요? 상황 묘사를 하다 보면 어디에 내 메시지를 어떻게 반영할지 헷갈립니다. 그럼 같이 한번 연습을 해 볼까요?

먼저 '아침의 행복'에 대한 글을 써 봅시다. 당신이라면 어떻게 이 뻔한 주제로 글을 쓸까요? 제가 대학생들에게 한번 써 보라고 하면, 보통 왜 아침에 행복한지 이유를 설명하려 듭니다. 그런데 왜 불행하지 않고 행복한 것인지를 논리적으로 아무리 얘기하려고 한들, 그걸 듣는 사람의 마음을 움직일 수 있을까요?

그런데 제 마음을 빼앗아 버린 '아침의 행복' 관련 글 한 편이 있습니다. 저는 그 콘텐츠에 몰입한 나머지 눈물이 날 뻔했습니다. 이 글을 차분히 읽어 보시기 바랍니다.

> 이른 아침 작은 새들 노랫소리 들려오면
> 언제나 그랬듯 아쉽게 잠을 깬다
>
> 창문 하나 햇살 가득 눈부시게 비쳐 오고
> 서늘한 냉기에 재채기할까 말까
>
> 눈 비비며 빼꼼히 창밖을 내다보니

삼삼오오 아이들은 재잘대며 학교 가고
산책 갔다 오시는 아버지의 양손에는
효과를 알 수 없는 약수가 하나 가득

딸각딸각 아침 짓는 어머니의 분주함과
엉금엉금 냉수 찾는 그 아들의 게으름이
상큼하고 깨끗한 아침의 향기와
구수하게 밥 뜸 드는 냄새가 어우러진

가을 아침 내겐 정말 커다란 기쁨이야
가을 아침 내겐 정말 커다란 행복이야
응석만 부렸던 내겐

– 작사 작곡: 이병우, 노래 양희은, 리메이크 아이유

저는 아이유 노래 듣기를 좋아하는 삼촌팬인데요, 밤에 집에 가는 길 공원에서 혼자 이 리메이크 노래를 듣게 되었는데 저도 모르게 '아, 진짜 행복이란 별 게 아니라 우리 일상 속에 있는 거구나.' 하는 생각이 차오르면서 가슴이 짠해지더라고요. 물론 아이유가 노래를 잘해서도 그랬겠지만, 여기서 주목할 것은 작사가가 자신의 메시지를 전달하는 방법입니다. 처음부터 줄곧 상황 묘사를 덤덤하게 이어 가다가 제일 마지막에 "가을 아침 내겐 정말 커다란 행복이야"라면서 화룡점정처럼 마무리하고 있습니다. 가볍게 듣고 있는데 갑자기 메시지가 훅 들어왔고, 저는 저항할 틈도 없이 이 콘텐츠에 빠져 버린 겁

니다. 이보다 더 아침 일상 속 행복을 더 잘 표현할 방법이 존재할까 싶습니다. 요컨대 내 메시지를 잘 전달하려면, 독자나 시청자를 충분히 체험시키고 느끼게 한 뒤 맨 나중에 넣는 게 가장 유리합니다.

어떤 사례를 드는지 보면 글쓴이의 내공이 드러난다.

물론, 살다 보면 간결하게 두괄식으로 전달하기 위해 설명체에 의존할 수밖에 없는 경우가 생깁니다. 묘사체는 보통은 이야기를 푸는 데 오래 걸리는 단점이 있거든요. 그런데 빨리 설명해야만 할 때에도 그나마 묘사체의 힘을 빌릴 수 있는 방법이 있습니다. 설명하는 상황에서도 약간이라도 체험하게 해서 몰입이 잘 되게 하는 방법이죠.

그것은 다름 아닌 '사례 들기' 입니다. TED 강연을 보다 보면 '예를 들어(FOR EXAMPLE)'로 시작하는 문장이 상당히 많이 나옵니다. 구미권에선 '사례 들기'의 중요성을 어릴 때부터 교육받았기 때문입니다. 반면 우리나라 사람들은 '공자 가라사대' 같은 'A는 B란다'라는 화법에 익숙하기 때문인지 사례를 드는 데 상대적으로 인색한 것 같습니다. 우리나라 사람들은 '예를 들어'라는 말보다는 '왜냐하면'이라고 말하며, 논리적으로 공격당하지 않을 근거를 제시하는 걸 좋아하는 것 같습니다.

사례를 들지 않고 '이건 원래 이렇다. 그 이유는 이거다'라는 식으로 말하는 강연자나 글을 간혹 봅니다. 논리를 또 다른 논리로 설명하려는 식인데 그럴 땐 사실 좀 경계해 볼 필요가 있습니다. 모르고 하는 말일 수도 있거든요. 스토리텔링의 진정한 고수로 제가 인정하는 한 분이 MBC 「손에 잡히는 경제」 진행자인 이진우 대표(전 이데일리 기자 / 유튜브 「경제의 신과 함께」 운영)인데요, 그는 어려운 경제 현상을 쉬운 사례로 푸는 일을 전문적으로 하는 분으로서 사례 들기의 중요성을 이렇게 설명합니다.

"보통, 사례를 들지 않으며 얘기하는 사람들이 왜 사례를 안 드는지 아시나요? 잘 모르기 때문이에요. 사례를 찾는 능력은 그 사람이 갖고 있는 콘텐츠 능력의 시작이자 끝입니다. 피상적으로만 알고 있으면 사례를 못 들어요. 부모님께 효도해야 한다는 말은 누가 못 하나요? 하지만 어떤 사례를 들어 효도에 대해 이야기하는지를 들어보면, 비로소 그 사람 콘텐츠의 깊이를 알게 되죠."

가장 중요한 점은 '세상은 원래 이렇다'는 식으로 학교 선생님처럼 설명하는 화법은 이제 더 이상 통하기 어렵다는 것입니다. 요즘 독자들은 애나 어른이나 다 똑똑하거든요. 그들은 다들 판단의 주체로 존중받아 마땅합니다. 판단의 공을 독자에게 넘기고, 우리는 그냥 있는 그대로 상황을 잘 묘사해서 체험하고 느끼게만 하는 겁니다. 그게 독자에 대한 예의입니다. 독자를 존중하자고요. 우리나라는 동방예의지국이잖아요!

메시지

초보는 여러 가지를 말하고 싶어 하고,
고수는 '하나의 메시지'로 승부한다

이 챕터를 읽으면 좋은 점

글을 쓰거나 콘텐츠를 기획할 때 여러분을 늘 괴롭히는 게 하나 있습니다. '너 그거 제대로 알고 쓰는 거야? 너 그거 확실히 맞는 말이야? 틀릴 수도 있지 않아?'라는 평가 · 지적 · 공격에 대한 두려움이 바로 그것입니다. 그 두려움 때문에 대부분 자기도 모르게 '내가 다 알거든요'라고 과시하고 싶어지고요. 그래서 이런저런 이야기를 다 넣고 싶어집니다. 이건 거의 무의식적으로 일어나서 고치기가 매우 힘듭니다. 사실 기자들이 일반인들보다 좀 더 글을 잘 쓴다면 딱 이거 하나 '하나의 메시지로 좁히기'(언론사 은어로 야마 잡기)를 엄청나게 연습하기 때문이거든요. 제가 기자 생활 17년 하고 간신히 깨달은 노하우를 이 챕터에서 여러분께 전합니다.

2015년 아이유가 4집 미니 앨범을 내놓자 한 수록 곡을 둘러싸고 논란이 불거졌습니다. 『나의 라임 오렌지 나무』라는 소설 기억하시나요? 꼬마 주인공 제제와 라임 오렌지 나무 밍기뉴와 우정을 그린 작품이죠. 그런데 4집 앨범의 노래 「제제」를 직접 작사한 아이유는 두 주인공 사이의 관계를 상당히 이례적인 표현으로 묘사했습니다. '말하지 못하는 나쁜 상상' '잎사귀에 입을 맞춰' '하나뿐인 꽃을 꺾어가' '어린아이처럼 투명한 듯해도 어딘가는 더러워' 같은 표현을 보면 누가 봐도 성적인 묘사로 볼 만합니다.

아이유 4집 수록곡 「제제」

홍미로운 듯,
씩 올라가는 입꼬리 좀 봐
그 웃음만 봐도 알아 분명히 너는 짓궂어
아아, 이름이 아주 예쁘구나 계속 부르고 싶어
말하지 못하는 나쁜 상상이 사랑스러워

조그만 손가락으로 소리를 만지네
간지러운 그 목소리로 색과 풍경을 노래 부르네 yeah
(후렴) 제제, 어서 나무에 올라와
잎사귀에 입을 맞춰
장난치면 못써
나무를 아프게 하면 못써 못써

제제, 어서 나무에 올라와 여기서 제일 어린잎을 가져 가

하나뿐인 꽃을 꺾어 가
꽃을 피운 듯,
발그레해진 저 두 뺨을 봐
넌 아주 순진해 그러나 분명 교활하지
어린아이처럼 투명한 듯해도 어딘가는 더러워
그 안에 무엇이 살고 있는지, 알 길이 없어

평소 시사 이슈 관련 발제를 자주 하는 한 인턴 학생이 이 '아이유 제제 논란'을 다뤄 보고 싶다고 나섰습니다. 5살짜리 어린 캐릭터 제제를 성적인 대상물로 그리는 것을 두고 볼 수 없다는 이유에서였습니다. 하지만 아이유 삼촌팬인 저는 이건 우리가 뉴스로 다룰 만한 게 아니라고 막아섰습니다. 성적인 표현을 좀 했다고 하지만 지극히 은유적 상징적인 표현이어서 해석의 여지가 넓은 데다, 이 정도를 갖고 비판하면 표현의 자유를 수호해야 할 언론사가 오히려 표현의 자유를 침해하는 꼴이 될 수 있다며 온갖 논리로 그 인턴을 강하게 몰아붙였습니다. 그 인턴도 지지 않고 '비판 여론이 더 많다' '문학작품에 대한 모독이다'라고 맞섰습니다. 옥신각신하다 드디어 운명의 아이템 선정 투표의 시간, 저를 제외한 거의 모든 팀원들이 이 아이템을 다루자고 손을 들었습니다. 저는 망연자실했습니다. 이 이슈를 다뤄야만 하는 상황이 된 겁니다. 하지만 저는 어떻게든 아이유의 팬으로 아이유를 지켜 내기 위해 꾀를 내었습니다.

"정 그렇다면 카드뉴스를 만들긴 만들되, 아주 객관적으로 공정하게 써야 돼! 아이유를 지지하는 나 같은 사람들도 수긍할 수 있게 공정하게 말이야! 반론도 충분히 넣어야 돼! 비판과 반론이 같은 비중으로 들어가야 공정한 기사야! 알았지?!"

이렇게 부담을 확 주면, 쓰다가 포기하지 않을까 속으로 기대했던 거죠. 저의 주문에 상당한 압박감을 받은 그 인턴은 머리를 쥐어뜯으며 겨우 글을 써 왔습니다. 당시 초고를 제가 아주 짧게 요약하자면 아래와 같습니다.

당시 '아이유 제제' 논란 카드뉴스의 초고의 요약본

논란 상황에 대한 간단한 요약

아이유 입장
"제제 캐릭터는 모순점 많은 캐릭터다. 매력 있고 섹시하다고 느꼈다."

아이유 비판자들 입장
"더럽다, 교활하다는 말을 5살 아기한테 쓸 말인가."

전문가 A 아이유 비판
"원작 소설이 관통하는 정신을 훼손해선 안 됩니다."
전문가 B 아이유 옹호
"원작의 팬들이 불쾌할 수도 있지만 표현의 자유를 침해해선 안 된다."

결론
-「제제」라는 노래도 '예술'로서 표현의 자유가 있긴 하다.

- 하지만 이건 '대중가요'다. '대중'들이 비판하고 있다면 문제가 있는 게 아닌가.

사실 인턴들 중에 가장 글을 잘 쓰기로 자타가 공인하는 친구였지만 '아이유 지지자들도 수긍할 만큼 공정한 글'을 강요하는 팀장의 압박에 양비론 쪽으로 흘러 버렸습니다. 팀장의 '사심 가득한' 압박에 영향을 받은 나머지 평소엔 정말 잘했던 그 가장 중요한 '한 가지'를 놓쳤던 겁니다. 저는 속으로 쾌재를 부르며 이렇게 말했습니다.

"지금 이 글의 야마가 뭐야? 아무리 봐도 야마가 없잖아. 이렇게 양비론으로 할 바에는 그냥 다른 아이템 하자, 응?"

※ 야마 (山 · やま): 일본어로 산이란 뜻인데, 언론업계, 방송업계, 출판업계에서는 글의 '핵심 메시지' 라는 의미로 널리 쓰인다. 물론 없어져야 할 말이긴 한데 너무나 광범위하게 쓰이고 있다.

저는 초고의 빈틈을 공격하면서 이 아이템을 좌초시키려 했지만 인턴은 저의 의도를 간파하고 씩 웃으며 이렇게 받아쳤습니다.

"그럼, 야마를 잡아 주세요! 항상 야마 잘 잡아 주시잖아요."

저는 이 인턴의 심리전에 말려들 뻔했다가 간신히 정신을 차렸습니다. 그리고 이 아이템을 어떻게든 포기하게 할 생각으로 더 힘든 주문을 던졌습니다.

"음, 이렇게 국내 이슈로 찬성 반대가 싸울 땐, 해외랑 비교해 줘야 돼. 그래야 야마가 생겨. 성적인 표현과 관련된 해외 이슈를 다 찾아보고, 아이유 제제 이슈랑 딱 비교 가능한 걸 찾아야 돼. 할 수 있겠어? 너무 힘들지 않을까? 단시간 내 하기엔 불가능할 거야."

포기시키려고 한 얘기인데 이 인턴은 씩 웃더니 "네, 찾아볼게요!" 하고 자리로 돌아가서 폭풍 검색을 했습니다. 그리고는 한두 시간 지나 진짜 딱 부러지는 해외 사례들을 찾아왔습니다. 저는 기겁했습니다. 다코타 패닝의 향수 광고, 캘빈클라인 광고 등 소아 성애적인 광고 논란 건들을 찾아온 겁니다. 충분히 근거 사례로 쓸 만한 사례들이었습니다. 끝까지 아이유를 지키려던 저의 노력은 그 인턴의 집념에 수포로 돌아갔습니다. 저와 옥신각신한 끝에 확실한 핵심 메시지를 찾아냈기 때문입니다. 핵심 메시지를 찾은 이상 저는 더 이상 그 카드뉴스를 포기시킬 명분이 없었습니다. 그 핵심 메시지는 이거였습니다.

"표현의 자유가 어떤 가치보다 중시되는 구미권 국가에서도, 어린 아이를 성적으로 대상화한 표현에 대해서는 강력히 규제하고 심지어 처벌까지 합니다. 하물며 초등학생도 듣는 노래가 소아 성애적 연상

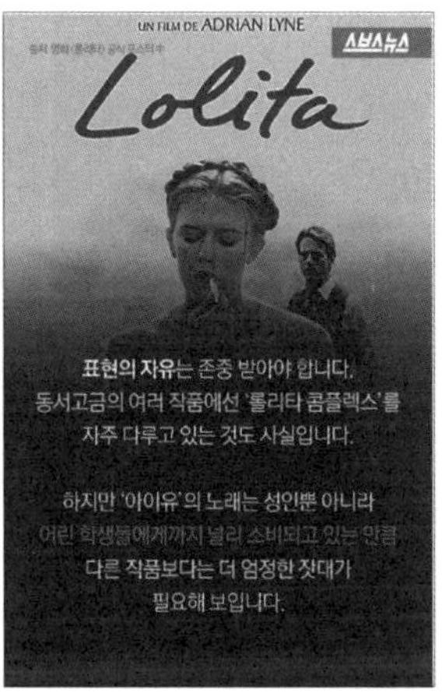

스브스뉴스 '영원히 아이로 남고 싶어요.' (2015. 11)

을 일으켰다면 표현의 자유로 정당화되기 어렵지 않을까요?"

이 핵심 메시지가 정해진 뒤에 인턴이 다시 써 온 원고는 제가 봐도 너무나 훌륭했습니다. 이미 아이유 지키기를 포기한 저는 열심히 표현을 가다듬어 줬고, 결국 업로드 된 그 카드뉴스는 역대급 반향을 일으켰습니다. 2백만 명이 넘게 도달했을 뿐 아니라 상당 기간 네이버에서 '스브스뉴스 아이유'가 연관 검색어로 잡힐 만큼 반향이 꼬리를 물었습니다.

아이유 삼촌팬으로선 안타까웠지만, 그나마 다행인 건 그 카드뉴스를 계기로 그 인턴의 실력이 몰라보게 '점프'한 겁니다. '아이유 제제 논란'이라는 어려운 아이템과 맞닥뜨렸지만, 거기서 '핵심 메시지'를 뽑아 본 경험을 한 이후 그 인턴은 어떤 콘텐츠를 만들 때나 자신감이 넘쳤습니다.

아무리 복잡한 이슈도 '핵심 메시지'를 뽑아내는 3가지 비법

끝까지 아이템 출고를 방해하려던 저의 노력을 일거에 무너뜨린 것이 바로 '핵심 메시지'의 힘입니다. 하나의 강렬한 메시지로 승부하는 콘텐츠는 누구도 막을 수 없는 힘이 생겨 널리널리 퍼지거든요. 그래서 하나의 글에서 메시지는 하나여야 합니다. 이 인턴은 '하나의 메시지에 집중하는 법'을 온몸으로 배운 뒤 모든 콘텐츠 제작이 쉬워졌던 겁니다.

사실 하나의 메시지에 집중하는 건 결코 쉽지 않습니다. 저도 그랬지만, 글쓰기를 처음 해 보는 초보들은 자기도 모르게 많은 내용을 담고 싶어 합니다. 왜냐하면 대한민국 교육 환경에서 자라다 보니 좋은 평가를 받기 위한 글쓰기에 워낙 길들여진 나머지 '내가 많이 안다는 사실을 보여 주고 싶다'는 욕심이 작용하기 때문인 것 같습니다. '내가 많이 안다는 걸 보여 주는 것'은 다른 말로 표현하면 '단 하나의 메시지조차 제대로 전달 못하는 것'입니다. 그러니까 메시지가 두 개 이상이면 글쓴이 입장에서는 전달력에 있어 손해를 봅니다.

그래서 결국 날카로운 칼을 갈듯이 하나의 메시지를 좁히고 또 좁혀야 합니다. 좁힐수록 메시지의 힘은 강렬해집니다. 같은 메시지를

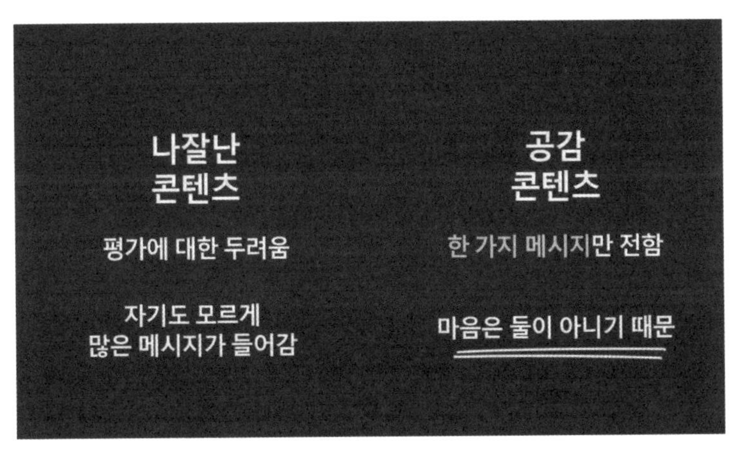

스브스뉴스 인턴 교육용 슬라이드(2017)

전하더라도 '이런 게 좋다'라고 말하기보다는 '최소한 이건 아니다' 라는 식이 좀 더 날카롭기 때문에 먹히는 메시지입니다. 메시지를 날카롭게 하는 두 가지 방법을 알려 드리겠습니다.

1) 새로운 기준점 잡아 주기 = 비교 대상 찾아보기

위 '아이유 제제 논란' 카드뉴스의 경우 '구미권 국가의 표현의 자유 제약 기준'이라는 새로운 기준점을 잡아 준 겁니다. 우리나라에선 찬반이 갈리고, 누구 말이 맞는지 헷갈리고, 머리가 아프지만, 해외로까지 시야를 넓혀서 한번 '표현의 자유를 중시하는 서구권 국가'의 새로운 기준으로 보자고 한 거죠. 독자들을 그 나라들로 데려가서 그 나라의 소아 성애적 대중문화에 가해진 규제와 처벌 사례를 보여 주며 비교를 해 주자, 모호함이 사라지고 '와, 서양 사람들 시각을 봐도 확실히 문제는 문제구나'라고 자각하게 된 겁니다.

2) 새로운 측정법 활용하기

'우리는 지금 잘 살고 있는 걸까요?'에 대해서 글을 써야 한다면 어떠신가요? 질문 자체가 모호하죠? "잘 살고 못 살고를 내가 어떻게 알아?"라며 그냥 그 아이템을 포기할 수도 있겠지만, 새로운 측정법을 찾으면 의외로 핵심 메시지를 찾아낼 수 있습니다. 우리가 잘 살고 있는지 판단할 때, 소득 기준으로 살펴보려면 '국민소득(GNI)', 생산량을 기준으로 할 때는 '국내총생산(GDP), 행복도를 기준으로 하려면 'UN행복지수', 복지를 잘 받고 있는지를 기준으로 보려면

'OECD 사회복지지출 통계'를 보면 됩니다. 이 중에 한 가지를 정해서 'GDP는 11위인데, 행복지수는 50위인 우리나라는 과연 잘 산다고 말할 수 있는가'라는 식으로 핵심 메시지를 잡아 볼 수 있습니다. 모든 측정법은 각자 고유의 관점이 있는 법이거든요.

3) 새로운 관점 제시하기

이건 제가 한 일화로 설명해 보겠습니다. 스브스뉴스 팀엔 영어 명 탠저린(본명 권수연)이라는 유능한 피디가 있었습니다. 탠저린은 인스타그램에서 '#심해어스타그램'이라는 해시태그로 심해어 사진을 즐겨 올리는 유저들에 주목하고, 심해어에 대해 다뤄 보고 싶다며 발제를 했어요. 딱 보기에도 징그러운데 그 심해어 사진을 즐겨 보는 사람들이 늘고 있다는 게 참 신기하다는 거였습니다. 하지만 그런 심해어가 지구상에 없다가 새로 생겨난 것도 아니고, 그다지 새롭다고 할 만한 게 아니라 스브스뉴스에서 소화하긴 어려울 것 같다고 다들 생각했죠. 그런데 댓글 중에 "귀엽다 ㅋㅋ"라는 표현이 보였어요. 그때 탠저린이랑 저랑 한참 상의한 끝에 한 가지 새로운 관점을 찾을 수 있었습니다. 누구나 고유한 아름다움이 있듯, 심해어에게도 자기만의 아름다움이 있을 거라는 새로운 시각이었어요. 심해어 전문가에게 물어본 결과 심해어가 그렇게 생긴 이유는 저 깊은 바다의 엄청난 압력을 견디느라 몸체가 흐물흐물한 것이고, 저 깊은 바다의 어두움 속에서도 먹이를 찾기 위해 그 눈이 그토록 튀어나온 것이고, 저 깊은 바다 속에서 먹이를 놓치지 않기 위해서 이빨이 튀어나온 것이란

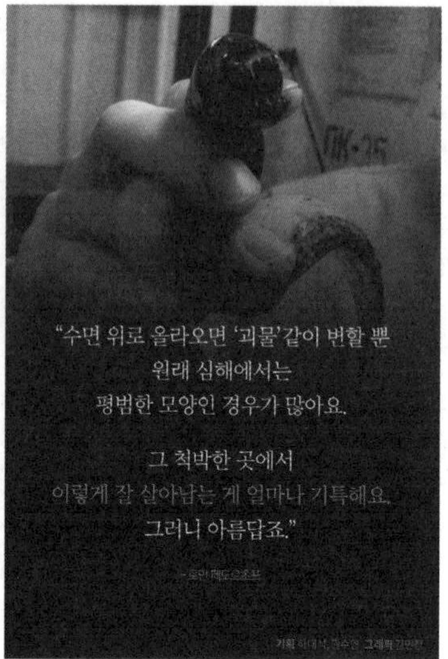

스브스뉴스 '모두가 못생겼다 할 때… 심해어가 '아름다운' 이유' (2018. 1 권수연 피디)

얘기죠. 그 험난한 곳에서 어떻게든 살아 내려 발버둥친 흔적이 눈코 입에 고스란히 드러난 것이잖아요! 그 새로운 관점으로 보니 심해어에게도 아름다움이라는 게 있더라고요. 그렇게 해서 그냥 사장될 뻔한 아이템이 새로운 관점을 제시하는 '핵심 메시지'를 장착하면서 비로소 근사한 카드뉴스로 태어날 수 있었고, 상당히 좋은 반응을 얻었습니다.

글을 한 편 쓴 뒤 읽어 본 분들에게 꼭 "제가 전달하려는 게 한마디로 뭐인 것 같아요?"라고 물어보시기 바랍니다. 만약 그 대답이 나의 최초 기획 의도와 정확히 맞아떨어진다면 당신은 핵심 메시지를 잘 잡은 것입니다. 만약 내 초기 의도와 다른 답이 나온다면, 왜 그런

오차가 발생했는지 그 이유를 꼭 알아내서 콘텐츠를 개선하시기 바랍니다. 송곳처럼 더 날카롭게 핵심 메시지를 좁혀 보세요.

구성

초보는 자기 관심 순서로 구성하고, 고수는 독자가 궁금한 순서로 구성한다

이 챕터를 읽으면 좋은 점

기획안이나 글을 쓰다가 '내가 지금 이렇게 쓰는 게 맞는 거야?'라는 의문이 들어 자꾸 다시 처음으로 돌아가 보고 또 보게 되는 습관이 혹시 있나요? 구성 방법을 모르면 그렇게 글을 쓰다 자신감을 잃고 방황하기 쉽습니다. 이 챕터에서는 '이 단락 다음엔 무슨 말을 써야 할까?'에 대해 제가 아는 한 가장 확실한 답을 드립니다. 바라건대 이 챕터를 읽으신 뒤 예전보다 글쓰기가 편해지고 좀 더 술술 써지는 경험을 하셨으면 좋겠습니다.

대학 수업 때 보면 종료를 알리는 종이 울리기 몇 분 전부터 가방을 챙겨 먼저 나가는 친구들 꼭 있습니다. 교수들 입장에선 그런 학생들 때문에 막판 수업 분위기를 해친다고 생각할 수 있죠. 그런데 설득 심리학의 로버트 치알디니(Robert Cialdini) 교수는 수업 때 아주

『설득의 심리학』 저자, 로버트 치알디니 교수

간단한 방법으로 수업 시간의 마지막 1초까지 학생들이 집중하게 만들었습니다. 단 1명도 먼저 가방을 챙기거나 자리를 먼저 뜨지 않게 한 겁니다. 어떻게 했을까요?

바로 '궁금하게 하기'입니다. 수업 마지막 부분에 가장 호기심을 자극할 만한 이야기를 꺼내다가 수업종이 울리면 "자, 다음 이 시간에 그 결과를 말씀드릴게요."라고 말하며 수업을 마쳤습니다. 그랬더니 놀랍게도 단 한 명도 먼저 가방을 싸지 않았음은 물론이고, 치알디니 교수가 교단을 내려왔는데도 학생들이 계속 멍하니 앉아 '아니 결과를 왜 안 알려 주시고….'라는 표정으로 자신을 바라보더라는 겁니다. 그 결과가 궁금해서인지 다음 번 수업의 출석률도 높아

졌다고 합니다.

로버트 치알디니의 이 호기심 전략은 사실 TV드라마에서 늘 쓰는 수법이죠. 주인공끼리 딱 마주쳐서 놀라는 장면에서 갑자기 '빰밤밤' 하는 드라마 음악과 함께 예고편을 살짝 보여 주고 방영을 마무리해서 호기심을 극대화시킨 겁니다. 다음 번에 꼭 보도록 잡아끄는 겁니다. 사람들의 주의를 계속 붙잡는 데 호기심보다 더 좋은 방법이 또 있을까요?

제가 인턴 학생들에게 스토리텔링을 가르치면서 느낀 건 대부분 글의 구성 방법을 너무 천편일률적인 공식 같은 걸로 학교에서 배웠다는 겁니다. 예를 들어 '서론엔 주의 환기를 하고, 본론엔 근거를 세 가지 나열하고, 결론엔 앞의 세 가지 근거를 요약한다'와 같은 논술 고사용 구성을 배워 왔더라고요. 뭐 그것도 하나의 좋은 구성 방법일 수 있겠지만, 문제는 모든 글쓰기에 죄다 그 공식을 대입해서 쓰는 거였습니다. 논술 고사도 찍어 주기 식으로 배운 흔적이 역력한 걸 보니 참 안타까웠습니다. 설명문, 논설문, 수필, 시 등 종류에 따라 글의 구성은 매우 다양한 방식이 있습니다.

그런데 '공감하는 글쓰기'의 구성 방법은 아주 간단하게 딱 한 단어로 요약됩니다. 바로 호기심입니다.

구성이란 게 뭔가요? 그냥 문장의 배열 순서입니다. 뭣부터 얘기할지 정하고 그 다음엔 뭘 얘기하며 이어 갈지 이런 식으로 순서를 정하면 그게 바로 구성이죠. 그럼 공감하는 글쓰기에선 어떻게 구성해야 할까요? 간단합니다. 공감이 돼야 하니까, 바로 보는 사람이 궁금한 순서대로 배열하면 되는 겁니다. 너무 싱겁나요? 그런데 글을 처음 쓰는 인턴 학생들은 대개 '독자들이 궁금해하는 순서'대로 쓰는 게 아니라 '자기가 궁금한 순서'로 쓰더라고요.

그러니까 인간이 원래 그렇습니다. 항상 자기가 궁금한 순서 또는 듣는 사람이 궁금한 순서 또는 이 두 가지가 섞인 형태로 말합니다. 아주 문학적으로 예외적인 글이나 시를 제외하면 거의 '궁금한 순서'가 바로 '가장 자연스러운 구성'입니다. 두 사람의 대화이든, 한 사람의 글쓰기이든 '궁금한 순서'로 구성을 해야 가장 자연스럽게 들린다는 점은 달라지지 않습니다.

모든 글은 사실 Q&A의 조합이란 걸 알면 구성이 쉬워진다.

사실 좋은 글이라는 건 궁금증을 일으키고 그에 대한 답을 해 가는 과정을 반복해 이은 것입니다. 세상의 모든 글은 사실 문장과 문장 사이에 질문이 생략돼 있다고 보면 이해가 쉽습니다. 예를 들어 보겠습니다. 전 챕터에서 보신 탠저린 피디의 심해어 관련 카드뉴스의 원문인데요, 문장 사이의 괄호에 '고객이 했을 법한 질문'을 넣어 봤습니다.

제목: 모두가 못생겼다 할 때… 심해어가 아름다운 이유
(2018. 1, 권수연 피디)

누군가에겐 '혐오스러운' 심해어 사진으로 #심해어스타그램을 채워가는 사람이 있습니다.
(그래? 그 사람이 누구야?)

러시아 어부 로만 페도로초프. 950m 심해에서 끌어올리는 어망에서 간간히 심해 생물을 발견할 때마다 그는 셔터를 누릅니다.
(그 사람은 왜 심해어를 사진 찍는 거야?)

그는 대체 왜 심해어에 푹 빠지게 된 걸까요?
(나도 그게 궁금해!)

그의 인스타그램을 본 사람들은 눈살을 찌푸립니다. 인간에게나 있을 법한 거대한 이빨이 있거나, 색깔이 특이한 지나치게 큰 눈을 가진 친구도 있습니다. 정체를 알 수 없는 이들의 생김새는 그저 놀라울 따름입니다.
(정말 징그럽네! 그렇게 징그러운데 왜 사진을 찍는 거야?)

그런데 혹시 거대한 코끼리를 짊어진 삶을 상상해 보셨나요? 심해어가 사는 깊은 바닷속은 상상을 초월할 만큼 압력이 셉니다. 바다에서는 수심이 10m 깊어질 때마다 수압은 1기압 늘어납니다. 내려갈수록 몸이 버텨 내기 힘들어지는 거죠. 인간이 심해 수천 미터 아래에 맨몸으로 들어갔다면 어마어마한 수압에 눌려 빈대떡처럼 납작해질 겁니다. (중략) 이런 극한 상황에서 심해어는 온몸으로 적응해야 했습니다. (중략)
(아 심해가 그런 환경이었구나. 그래서 러시아 어부가 심해어를 좋아하는

거야?)

심해어스타그래머인 로시아 어부 로만은 말합니다. "수면 위로 올라오면 괴물 같이 변할 뿐 원래 심해에서는 평범한 모양인 경우가 많아요. 그 척박한 곳에서 이렇게 잘 살아남는 게 얼마나 기특해요. 그러니 아름답죠."
(심해어에게서 그런 특별한 아름다움을 발견하고 사진을 찍는 것이었구나. 궁금증 해결되었네! 고마워! 스브스뉴스~!)

어떤가요? 어떤 한 문장이 있을 때 그 다음에 올 문장은 '보는 사람이 아마 이게 틀림없이 궁금할 거야'라고 예상한 질문의 답을 배치하면 됩니다. 예컨대 '이거 궁금하시죠?'라고 미끼를 던지고 '그건요, 이것 때문이에요'라고 궁금증을 해결해 주고, '그런데 이런 이유도 있어요'라면서 부연하다가, '그래서 또 다른 신기한 현상을 일으키기도 하죠'라고 한 번 더 궁금증을 일으키고 '그건 이것 때문이에요'라고 또 답을 주고 뭐 이런 식이에요. 쉽죠?

한 편의 글은 사실 자연스러운 대화처럼 흘러갈 때 가장 이상적인 구성이라고 할 수 있습니다. 보는 사람 입장에서 편하거든요. 따라서 그 글을 보게 될 독자가 궁금해할 만한 걸 미리 잘 예상하는 게 중요합니다. 쉽게 말해, 논문 같은 글이 아니라 공감 가는 글쓰기에 있어서 좋은 구성이란 그냥 호기심을 끌고 가는 겁니다. 관광지에서 가이드가 호기심을 자극하며 말을 재미있게 하면, 여행객들이 찰싹 붙어 잘 따라오는 것과 같은 원리죠.

학교 다닐 때 구성은 '기승전결'로 하라고 우리는 배웠습니다. 그런데 무엇으로 시작하고 무엇을 끌어 올리고 무엇을 전환하고, 무엇을 결론 맺을지에 대해서는 안 배운 것 같습니다. 기승전결의 대상은 바로 궁금증 또는 호기심입니다.

〈기승전결의 대상: 궁금증〉

기: 궁금하게 하며 시작한다.
승: 그 궁금증을 끌어 올린다.
전: 궁금한 걸 극적으로 전환해 해소해 준다.
결: 그 궁금증에 대한 최종 결론을 내린다.

그러니까 복잡하게 생각할 것 없이 '아 처음부터 계속해서 궁금증을 이어 가게 하면 되는구나'라는 생각만 하고 쓰면 되는 겁니다. 그래서 이 원리 하나만 알게 되면, 사실 젊은 인턴들이 저보다도 훨씬 뛰어난 구성을 얼마든지 해냅니다. 스브스뉴스가 20대를 타깃으로 만드는 콘텐츠이다 보니 당연히 20대 인턴 학생이 자기 또래가 궁금해하는 심리를 저보다 더 잘 알 수 있거든요.

궁금한 순서의 타래를 한 가닥으로 졸힐수록 글은 좋아진다.

그 궁금함의 타래를 하나의 직선으로 연결할수록 독자는 스토리에 빠져듭니다. 한 문장에서 궁금한 걸 다음 문장에서 이어 가는 식이죠. 예컨대 '어떤 사람이 고민에 빠졌어' → '왜냐하면 단짝 친구에게 이런 이야기를 들었거든' → '왜냐하면 그 단짝 친구가 사실 질투를 했었나 봐' → '사실 그 단짝 친구는 어려서부터 이런 열등감이 있었거든'…, 이런 식으로 궁금함의 타래가 일직선으로 연결돼야 좋습니다.

반면 그 타래가 중간에 좀 복잡하게 얽히거나 산만하면 보는 사람들이 이해하기 어렵습니다. 예컨대 '어떤 사람이 고민에 빠졌어' → '그런데 그 사람의 단짝 친구도 고민에 빠졌어' → '사실 그 단짝 친구는 어릴 때부터 열등감이 있었어' → '그래서 그에게 이런 식으로 이야기를 해 버렸어'… 이건 시간 순서대로 구성해 본 건데요, 이렇게 똑같은 이야기를 하더라도 궁금하지 않은 순서로 하면 보는 사람 입장에서 복잡하게 느껴지고 머리가 좀 아픕니다. 그런데 글쓴이는 이미 수많은 팩트를 너무 잘 알고 있기 때문에 독자 입장에서 무엇이 궁금한지 공감하기가 어려우니 늘 스스로 경계해야 됩니다. 즉 초보는 자기가 중요하다고 생각하는 순서대로 쓰는 경향이 있는데, 내용을 처음 접하는 독자 입장을 배려하지 않는 구성이 되어 버리고 맙니다. 그래서 항상 '독자 입장에선 이 지점에서 무엇이 가장 궁금할까?'라고 스스로에게 물어보면서 구성안을 짜야 합니다.

우리는 군더더기 없는 글쓰기가 중요하다고 배웠습니다. 그때 군더더기의 기준이 뭘까요? 독자 입장에서 "그것까지 궁금하진 않은데…."라고 말할 만한 것은 모두 군더더기입니다. 글쓴이가 '당신은 듣기 싫더라도 이건 중요하니까 자세히 설명할 테니 그냥 참고 들으세요!'라는 마인드로 구성을 한다면 그건 학술 논문에서나 적합한 글쓰기입니다. 공감 콘텐츠에선 학자가 아니라 독자가 판단의 기준입니다. 손님이 요리에서 쓸데없이 넣은 양념이 싫다면 싫은 겁니다. 독자가 궁금해하지 않는 건 과감하게 덜어 내야 합니다.

제가 '혼자 끙끙대며 쓰지 말고, 대화를 해 보고 나서 글을 쓰라'고 강조하는 것도 이런 이유에서입니다. 글쓴이는 이미 그 주제 관련해 너무 많은 내용이 머리에 쌓여 있어서, 그 주제에 대해 전혀 모르는 다른 사람들이 무엇이 궁금한지 알기가 어렵습니다. 1시간 정도만 그 주제에 대해 심사숙고를 하면 이미 '타인의 궁금증에 대한 감각'을 상실하더라고요. 저도 그렇고요. 그래서 그 주제에 대해 옆 사람과 말로 먼저 대화를 해 보고, 내 말을 들은 상대방이 어떤 질문을 해 오는지 유심히 보면 '궁금한 순서'에 대한 감을 잡을 수 있습니다. 공감 콘텐츠는 제작 과정에서부터 공감이 시작돼야 합니다. 그래야 궁금한 순서대로 진행하는 자연스러운 구성이 나옵니다.

제목

초보는 제목으로 전체를 요약하고, 고수는 제목부터 고민한다

이 챕터를 읽으면 좋은 점

내가 밤새 공들인 콘텐츠 또는 정성을 다해 쓴 글이 결국 사람들에게 외면받는 것처럼 서러운 일이 또 없습니다. 그런데 그거 아시나요? 콘텐츠가 정말 좋은데도 주목받지 못하는 단 하나의 이유가 있습니다. 바로 제목이 성의가 없기 때문이거나 제목이 이기적(공급자 중심적)이기 때문입니다. 보는 사람(수요자) 입장에서 생각해 보세요. 제목은 얼마나 중요한가요? 제목이 별로라면 읽고 싶은 생각이 하나도 안 쳐다보다들지 않던가요? 제목이 별로인데 내가 왜 내 아까운 시간 낭비하며 내용을 다 읽어 봐야 하나요? 이 챕터는 전국을 떠들썩하게 했던 스브스뉴스 초창기 대박 콘텐츠의 비법이 농축된 챕터라고 감히 말씀드립니다. 글쓰기나 콘텐츠 기획에 있어 제목에 대한 완전히 새로운 관점을 전합니다.

전주의 명물은 단연 전주비빔밥이죠. 그런데 전주 한옥 마을에 가 본 사람들은 꼭 먹어 본다는 빵이 하나 있는데, 바로 전주비빔빵입니다. 빵 속에 비빔밥을 넣어서 이상한 조합 같지만 의외로 맛있어서 모두들 놀랍니다. 그런데 이 빵을 파는 전주 빵카페는 65살 이상 노인 등 취약 계층을 주로 채용하는 사회적 기업입니다. 이곳에 취직한 어르신들은 "혼자 살다 우울증 걸릴 뻔했는데 이렇게 일을 하니 살 것 같아요."라고 밝게 웃으셨습니다.

자, 이 내용을 전하는 콘텐츠의 제목을 여러분이 한번 정해 본다면, 뭐라고 하실 건가요? 사람들의 눈길을 사로잡는 제목이 떠오르시나요? 아시다시피 요즘은 제목이 전부예요. 제목이 별로면 사람들이 아예 읽지 않는 시대가 됐잖아요. 좋은 제목을 생각해 주세요. 그래도 안 떠오르신다고요?

제목을 다는 건 쉬운 일이 아닙니다. 그래서 모든 언론사는 기자가 최종 제목을 정하지 않습니다. 전체 뉴스의 최종 출고 부서(편집부) 또는 교정 부서(교열부, 교정부)에서 제목만 전문적으로 담당하는 인력이 항상 있습니다. 헤드라인 제목이 너무 중요하기 때문에 전문화시킨 겁니다. 자, 위에서 보신 이 '전주 비빔빵' 소식을 한 일간지에서 어떤 헤드라인 제목으로 달았는지 한번 볼까요? 바로 '비빔'빵' 맛보실래요?'였습니다.

한 번 본 이상 도저히 지나칠 수 없는 제목을 찾아라.

비빔'빵' 맛 보실래요?

사회적기업 천년누리전주제과
65살 이상 노인 등 취약계층 일자리 창출
고추장 소스 활용 전주비빔빵 기술 개발

취약계층 일자리 창출을 위해 2014년 전주시청 근처에 '전주빵카페'가 문을 열었다.

'비빔'빵' 맛 보실래요?' (한겨레신문, 2017. 5. 29)

제목을 딱 봤을 때 읽고 싶다는 생각이 확 드시나요? 사람들마다 반응은 다르겠지만, 솔직히 아주 매력적인 제목으로 보긴 어려울 것 같습니다. 아마 비중이 큰 기사는 아니다 보니 이 제목을 다신 해당 일간지 직원 분이 제목 고민하는 데 많은 시간을 할애하기 어려웠을 것 같아요.

그런데 동일한 스토리를 스브스뉴스 팀에서도 카드뉴스로 제작했는데요, 결과는 놀라웠습니다. 출고 직후 무려 2백만 명이 넘는 사람

스브스뉴스 '많이 팔리는데 돈 안 되는 빵' (2017. 7 김유진 피디)

들에게 이 카드뉴스가 도달했고, 이 비빔빵 매출이 갑자기 몇 배 뛰어올랐으며, 문재인 대통령도 이 비빔빵에 대해 언급할 만큼 굉장히 유명해졌습니다. 무엇 때문이었을까요? 제목 때문이었습니다.

이 카드뉴스를 제작한 애슐리 피디(본명 김유진)는 제목 달기에 있어 저를 여러 번 놀라게 했는데요, 전주비빔빵 카드뉴스의 제목도 기가 막혔어요.

제목이 마치 "한 번 나를 본 이상, 당신은 그냥 지나칠 수는 없을걸요?"라고 말하는 것 같았습니다. 그 제목은 바로 '많이 팔리는데 돈 안 되는 빵'이었어요. 실제로 노인 등 취약 계층 고용을 목적으로 운영하는 사회적 기업이 만드는 빵이기에, 빵이 많이 팔려도 이익으로 남겨 두지 않고 고용을 늘리는 데 주로 쓰였거든요. 그러니 아무리 많이 팔려도 돈 안 되는 빵이라는 말은 정확한 사실이었습니다.

제가 스브스뉴스 팀에 있을 때 저희 팀 제작 원칙은 제목을 정해 오지 않으면 데스크(구성안 교정)를 봐 주지 않는다는 것이었습니다. 보통은 기사 내용부터 데스크를 보고, 제작 다 한 뒤에 제목은 맨 마지막에 정하거든요. 하지만 저는 글을 쓰기 전에 무조건 제목부터 정하는 걸 원칙으로 정해버렸습니다. 글을 쓰는 시간만큼을 제목 고민하는 데도 쓰라고 말할 정도였으니까요. 심지어 "제목을 세 개 이상 뽑은 뒤 주변 동료들과 투표를 해서 그 결과를 나한테 가져와야 데스크를 봐 줄 거야."라고 말하고 실천한 적도 있습니다.

제목을 정할 때는 항상 투표를 거치도록 한 것은 제가 한 번 크게 망신을 당했던 경험이 계기가 되었던 거죠. 지난 대선에서 문재인 대통령이 당선된 다음 날 만든 카드뉴스였어요. 문 대통령이 대입 때도 재수했고, 사법시험도 재수 끝에 합격했고, 대통령도 재수해 드디어 당선됐다는 인생 역전 스토리를 담은 내용이었는데요, 담당 피디와 팀장인 저의 의견이 부딪쳤습니다. 실패할 때마다 자신의 문제점 개선하는 데 집중한 문 대통령의 모습에 감동받은 저는 '나는 무엇이 부족했는가'로 제목을 가자고 제안했다가 피디에게 단번에 거절당했죠. 담당 피디는 '나의 재수 연대기'라는 제목을 고집했어요. 결국 단톡방에서 투표에 붙여 보기로 했어요. 결과는 '나의 재수 연대기'에 몰표가 나왔고 저는 처참하게 망신을 당했어요. 한 팀원이 의기소침한 나에게 "파이팅~"이라고 말하며 위로해 주더라고요. 도저히 잊을 수가 없어서 부들부들 떨며 당시 카카오톡 단톡방 장면을 캡처해 놨

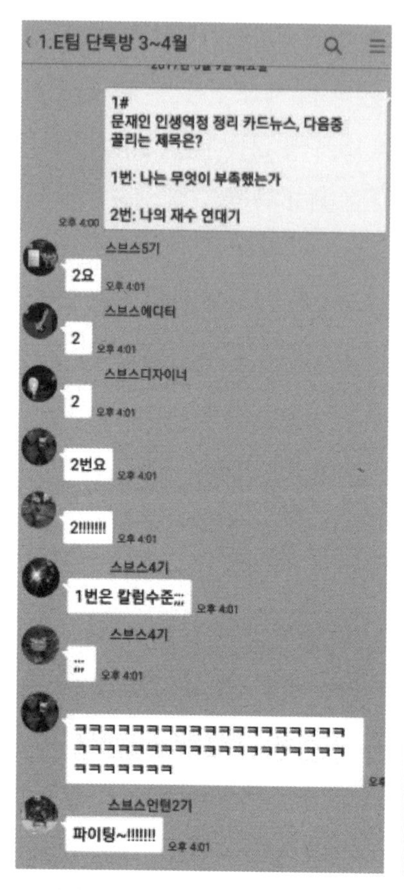

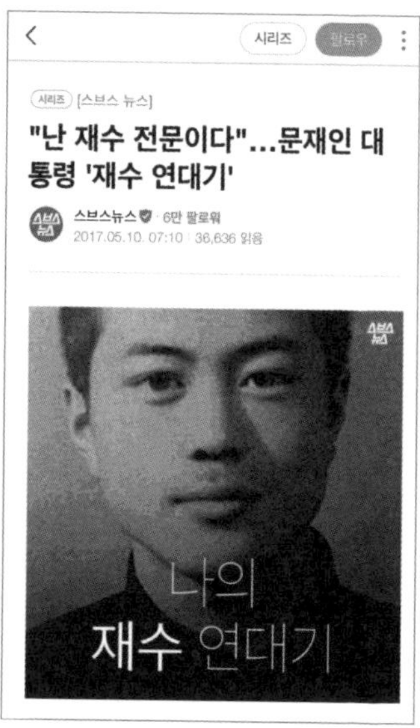

2017년 5월 팀 내 단톡방에서 제목 투표한 장면 캡쳐

습니다. 그 뒤로는 팀장인 제가 제목 선정에 개입하지 않고, 항상 투표를 거치도록 했어요. 지금 돌이켜 보니 제가 스브스뉴스에서 한 일 중에 가장 잘한 일 중 하나였습니다.

나잘난
콘텐츠
본문부터 쓰고
맨 마지막에 제목
(제목과 내용이 괴리될 우려)

공감
콘텐츠
제목부터 정하고
본문 구성
(제목과 내용이
자연스럽게 연결됨)

스브스뉴스 인턴 교육용 슬라이드(2017)

초보 글쓴이는 자기도 모르게 전체 내용을 요약하는 제목을 뽑는다.

글을 쓴 사람이 직접 정한 제목은 의외로 별로인 경우가 많습니다. 저도 경험상 남의 기사에 다는 제목을 훈수해 줄 땐, 좋은 제목이 떠오르는데, 유독 제 기사의 제목 떠올리다 보면 늘 이상한 제목이 나오더라고요. 왜 그런가 봤더니, 이미 그 내용에 너무 익숙해진 상태에서 좋아 보이는 제목은 항상 전체 내용을 잘 포괄하고 있다는 사실을 발견하게 됐습니다. '음, 핵심이 잘 담겨 있군.'이라는 생각에 글쓴이의 눈엔 좋아 보이는 제목이 그 콘텐츠를 처음 보는 독자의 눈엔 이상하게 보이는 경우가 많습니다. 독자는 "이게 뭔 소리야?"라면서 그 제목을 클릭하지 않고 그냥 지나치고 말죠. 이 세상엔 볼거리가 너무나도 많으니까요. 그래서 스브스뉴스에선 절대로 개인이 홀로 제목을 정하지 않도록 했습니다. 주변의 여러 사람에게 물어보거나 단톡방에서 투표를 꼭 거치도록 한 겁니다.

제목부터 정하고 본문을 써야만 공감이 잘되는 매우 합리적인 이유

저도 대입 논술 고사 준비할 때 서론 쓰고 본론 쓰고 결론 쓰고, 맨 마지막에 제목을 달았던 것 같아요. 언론사 기자들도 대부분 본문부터 쓰고 마지막에 제목을 정하는 게 보통입니다. 핵심부터 전달하는 스트레이트 기사야 이렇게 본문부터 써도 문제가 없지만, 보는 이를 공감하게 해야 하는 공감 콘텐츠는 다릅니다. 제목을 볼 때 '이게 뭘까? 궁금한데!'라는 생각을 하며 클릭을 하게 되고, 그 다음에야 비로소 보게 되는 것이 바로 서론입니다. 그래서 독자 입장에서 서론이란 것은 제목의 다음 번 내용인 셈입니다. 만약 제목과 서론이 완전 다른 얘기를 하고 있다면, 독자는 서론을 보다가 "에이, 뭔 소리야."라면서 이탈해버리기 십상입니다.

위에서 보여 준 '전주비빔빵' 카드뉴스의 서론은 철저히 제목과 연결돼 있습니다.

<본문 앞부분 발췌>

제목: 많이 팔리는데 돈 안 되는 빵
서론: 요즘 전주에 가면 꼭 먹어 봐야 한다는 이 빵. 팥도 생크림도 아닌 전주 명물 비빔밥이 들어 있는 신기한 빵입니다. 그런데 아무리 잘 팔려도 돈은 못 법니다. 아주 특별한 이유로 개발된 빵이기 때문입니다.

만약 서론부터 쓰고 나중에 제목을 정했다면 이토록 기발한 제목을 생각해 내기 힘들었을 것이고, 제목과 서론 사이 전혀 관계가 없을 가능성도 컸을 겁니다. 왜냐하면 맨 마지막에 제목을 정하면, 그때는 이미 지쳐 있기 때문에 뇌가 그렇게 창의적으로 돌아가지 않습니다. 그런데 이 작품을 만들 때 애슐리 피디는 우선 제목부터 정한 뒤 서론을 썼기 때문에 제목을 보고 클릭한 독자가 볼 때 서론이 아주 자연스럽게 연결되는 겁니다. 그러니까 제목부터 정한 뒤에 본문을 쓰는 글쓰기는 바로 독자의 읽는 경험을 존중하는 제작 방식입니다.

제목은 첫인상입니다. 중요한 미팅 자리에 나갈 때 첫인상을 신경 쓰지 않고 머리는 풀어 헤치고 막 입고 나간다면 그건 실례되는 일입니다. 보는 사람은 내 첫인상부터 볼 수밖에 없고, 글을 읽는 사람은 내 제목부터 볼 수밖에 없습니다. 게다가 첫인상이 매력적이지 않을 때 곧바로 이별해야 하고 인연 자체가 생기지 않는 게 이 콘텐츠 바닥의 숙명입니다. 아무리 좋은 내용을 담고 있어도 제목이 별로라서 첫인상이 좋지 않은 콘텐츠는 처참히 무시당하고 버림받습니다. 그래서 결국 한마디로 귀결됩니다.

"제목은 절반이 아니라 사실상 전부입니다."

존중

독자를 존중하는 마음만 있으면 이 모든 게 자동화된다

이 챕터를 읽으면 좋은 점

스토리텔링은 심리 게임이라고 말씀드렸죠? 이 심리 하나만 제대로 이해하면 지금까지 제가 말한 앞의 내용을 다 몰라도 '매우 공감이 잘 되는 좋은 글'을 쓰실 수 있습니다. 누가 나를 쳐다보는 눈빛만 봐도 당신은 '아, 저 사람이 날 존중하는구나!' 혹은 '날 무시하는구나!'라는 느낌을 갖게 됩니다. 마찬가지로 당신이 독자를 어떤 마음으로 바라보는지 독자들은 당신의 내면까지 '귀신같이' 느끼고 있답니다. 부디 이 챕터를 읽는 여러분의 무의식 속에 '공감 콘텐츠 자동화 프로그램'을 입력하는 시간이 되길 바랍니다.

지금까지 이야기한 걸 요약하자면, 사실 당신을 포함한 그 누구나 이미 훌륭한 글쓰기 실력을 갖추고 있습니다. 그냥 허울 좋은 이야기가 아닙니다. 근거가 있습니다. 당신은 태어나서 지금까지 수많은 사람들과 대화를 해 왔기 때문입니다. 엄청난 연습량입니다. 당신은 이미 누군가를 즐겁게 해 봤고, 누군가를 감동시켰고, 누군가에게 사랑을 속삭여 봤습니다. 그 대화를 통해 상대방이 지금 뭘 듣고 싶어 할지, 내가 어떤 이야기를 해 주면 좋을지 매일매일 쉬지 않고 연습을 해 온 셈입니다. 그렇게 평생 키워 온 그 능력을 글쓰기와 스피치에 그대로 적용하기만 하면 되는 겁니다.

그런데 문제는 그렇게 평생에 걸쳐 키워진 스토리텔링 능력이 글을 쓸 때만큼은 입시 위주 교육 탓에 생긴 '평가에 대한 두려움'에 짓눌린 나머지 쪼그라든다는 겁니다. 사실 학교 선생님들도 그런 식으로 당신을 가르치고 싶지 않았겠지만(저는 교사도 입시 위주 교육 시스템의 피해자라고 생각합니다), 시험 점수를 더 올려야 한다는 압박감에 '평가 잘 받는 글쓰기'만 가르쳐야 했습니다. 이 때문에 우리는 평생 대화를 하면서 키워 왔던 우리 고유의 공감 능력을 뒤로 접어 두고 학교나 학원에서 가르쳐 주는 공식대로 부담감 속에 글을 쓰는 중대한 오류를 범했습니다.

내 마음속 이야기를 상대방에게 전하는 참으로 즐거운 과정이 글쓰기인데, "글쓰기를 좋아하진 않아요." "나는 글을 잘 못 써요." "글쓰기를 별로 안 해 봐서요." "제 글이 두서가 없어서요."라는 두려움부터 떠오르신다면, 그건 분명 대한민국 입시 교육이 그렇게 만든 것입니다. 안타깝게도 그 '평가에 대해 두려워하는 습관'은 직장에 입사한 뒤에도 이어집니다. 독자를 생각하면서 써야 하는 기본을 잃고 저도 기자로 입사한 초기 시절에 상관(데스크) 눈치만 보면서 써 왔습니다. 덕분에 그 상관에게서 많은 노하우를 배웠고 지금도 무척 감사하게 생각하지만, 결과적으로 그때 그 초년병 시절 기사엔 저만의 고유한 생각이나 제 영혼이 조금도 담기지 않았습니다. 저뿐만이 아니라 일반 회사에서 기획서를 쓰는 대부분의 신참 직원도 상관의 마음하고만 커뮤니케이션 하면서 글을 쓰고 있습니다. 습관이란 게 참 무서운 것이거든요. 그 누구의 잘못도 아닌 시스템의 문제입니다.

우리가 학교에서 배운 글쓰기 방법은 대개 나잘난 콘텐츠지만, 학교 밖 현실 세계에서 유용한 건 공감 콘텐츠입니다. 두 콘텐츠의 특성을 정리하자면 아래와 같습니다.

나잘난 콘텐츠 = 공급자 중심의 콘텐츠

1. **[목적]** 글의 목적은 '좋은 평가'다. 공급자가 뛰어난 글 실력을 갖췄다고 평가받거나 공급자가 의도한 홍보 효과를 높이는 게 목표다. 수요자 입장에선 똑똑한 사람이 썼다는 건 알겠는데, 그냥 별로 읽고 싶은 생각이 들지 않는다.
2. **[전달 방식]** 공급자가 자꾸 새로운 정보를 주입하려고 설명한다. 공급자는 많이 아는 사람, 수요자는 조금 아는 사람이라는 상하 관계가 무의식 중 형성된다.
3. **[메시지]** 공급자가 유식하게 보이고 싶고, 또 반론을 차단하기 위해 한꺼번에 많은 정보를 전달하려 한다. 처음 그걸 접하는 수요자는 부담스럽다.
4. **[구성]** 공급자가 중요하다고 생각하는 순서대로 구성한다. 처음 그걸 접하는 수요자는 궁금증이 해소되지 않아 계속 듣기가 좀 답답

하다.

5. **[제목]** 공급자가 본문의 내용을 모두 함축하는 제목을 정한다. 본문을 본 적이 없는 수요자 입장에선 그 제목이 뭔 소린지 감이 안 잡힌다.

공감 콘텐츠 = 수요자 중심의 콘텐츠

1. **[목적]** 수요자와 마음이 통하기 위해 쓰는 글이다. 첫 번째 수요자가 될 주변 사람들에게 먼저 물어보고 쓴다. 글이 어눌해도 공급자에게 왠지 공감이 간다.
2. **[전달 방식]** 수요자를 판단의 주체로 받든다. 공급자는 상황과 경험을 있는 그대로 묘사해서 간접 체험을 돕는다. 공급자의 메시지가 살짝 들어가더라도 수요자는 자연스럽게 받아들이는 편이다.
3. **[메시지]** 수요자의 뇌 용량을 존중한다. 공급자는 욕심을 줄이고 꼭 전달하고 싶은 단 하나의 메시지로 좁힌다.
4. **[구성]** 수요자가 궁금한 순서대로 구성한다. 계속 호기심을 자극하니 자연스럽게 몰입이 된다.
5. **[제목]** 제목에 강한 끌림이 있고, 수요자가 그 제목을 클릭했을 때 처음 보는 서론이 제목과 연결돼 있다.

그거 아세요? 사실 우리는 원래 누구나 공감을 잘하는 방법을 알고 있습니다. 어려서부터 부모님과 형제자매들과 이웃들과 친구들과 공감하며 살아 왔기 때문입니다. 살면서 남이 원하는 것에 대한 직감이 상당히 개발됐습니다. 문제는 내 안에 있습니다. 평가에 대한 두려움, 무시당할지 모른다는 두려움이 이 공감을 가로막습니다.

일상생활에서도 두려움이 많은 사람은 일단 자기부터 지키려고 하다 보니 자기 안의 그 공감 능력을 끄집어내는 데 어려움을 겪습니다. 글을 쓸 때는 더 그러합니다. 두려움이란 게 치고 올라올 때면, 지금 공감 콘텐츠에 대한 수업을 하고 있는 저부터도 공감이 잘 안 됩니다.

돌이켜 보건대, 저는 사실 어려서부터 남들보다 공감 능력이 떨어졌습니다. 집안 분위기의 영향도 좀 있는 것 같고요. 그런데 회사 생활을 하면서 제가 공감 능력이 떨어져서 뭔가 손해를 보고 있다는 걸 깨닫고, 스스로를 돌아보게 됐습니다. 관련한 책도 보고, 생각을 해 보고 깨달은 건 이겁니다. 나도 충분히 남의 마음을 짐작할 수 있는 능력이 있는데, 이게 결정적인 순간에 발현이 안 되더라는 것입니다. 그리고 언제 발현이 안 되는지 가만히 스스로를 관찰해 보니, 겉으로는 멀쩡한 표정이지만 사실 속으로는 '내 의견이 무시당하지 않을까'와 같은 무의식 속 두려움이 그 공감을 가로막고 있더라고요. 두려움이 사라지면 그제야 내가 평생 주변 사람들과 대화하며 갈고 닦았던 공감 능력이 스멀스멀 올라오는 걸 경험했습니다. 그래서 저는 결론을 이렇게 내렸습니다.

공감의 시작은 내가 지금 뭘 두려워하고 있는지 아는 데서 출발한다.

두려움과 공감 간 '역의 관계'는 글쓰기에서 더욱 두드러집니다. 평생 '너는 글을 잘 쓰는 아이니?'라는 시선 속에 글을 배워 온 우리들이 글을 쓸 때 공감 능력이 발현되지 않는 이유는 '평가의 두려움'이 그걸 가로막고 있기 때문입니다. 그 사실 자체를 이해하는 게 공감 콘텐츠 제작의 시작입니다.

그 두려움을 잠시 내려놓고, 이 글을 결국 보게 될 그 사람들의 마음에 집중해 보는 겁니다. 특히 상대방이 현재 뭔가 부족하거나 결핍돼 있어서 꼭 필요한 상태인데, 내가 그걸 먼저 알고 그에게 필요한 걸 해 줄 수 있는 걸 찾아보는 겁니다. 다른 말로 하면 이렇게 풀이됩니다.

> 공감 콘텐츠의 시작은 독자(시청자) 마음속에 미리 들어가 보는 것이다.

이걸 할 줄만 알게 되면, 기자가 썼든, 인턴 학생이 썼든, 노인이 썼든, 애들이 썼든 간에 그 콘텐츠는 퍼져 나간다는 게 내가 스브스뉴스에서 5년 가까이 일하며 내린 결론입니다. 논리적 완결성, 글쓰기 스킬 등은 부차적인 문제입니다. 그런 테크닉은 평가에서 높은 점수를 받거나 법정에서 논리를 두고 다툴 때는 도움이 되겠지만, 널리 퍼져 나가는 확산력과는 별 관련이 없습니다.

진심으로 독자(시청자)를 존중하면 공감 콘텐츠가 자동화된다.

우리는 다들 이기적인 유전자를 갖고 태어났습니다. 그래서 나를 위해 노력합니다. 그것도 중요합니다. 그런데 궁극적인 나의 행복을 위한 좀 더 지혜로운 방법은 나를 살짝 내려놓는 것입니다. 즉 하심(下心)을 하는 겁니다. 공급자가 욕심을 내려놓으면 그제야 머지않아 이 콘텐츠로 만나게 될 수요자가 보입니다. 마음을 내려놓을수록 수요자의 위치가 올라가면서 비로소 공급자가 수요자를 존중하게 됩니다. 그때 독자를 진심으로 존중하고 있는 상태가 됩니다. 그렇게 되면 제가 말한 다섯 가지 공감 콘텐츠의 비결이 완전 자동 시스템으로 돌아갑니다. 노력할 필요도 기억할 필요도 없이 자동화되는 겁

1. **[목적]** 독자를 진심으로 존중하므로 독자가 부족한 걸 채워 주고, 독자가 원하는 걸 제공하는 것이 주 목적이 된다.
2. **[전달 방식]** 독자를 진심으로 존중하므로 독자를 판단의 주체로 인정한다. 주입식 설명을 피하고, 있는 그대로의 상황 또는 사실만 묘사해서 전달한다. 간접 체험을 해 본 뒤 최종 판단은 독자의 몫이다.
3. **[메시지]** 독자를 진심으로 존중하므로 독자의 뇌 용량을 배려한다. 꼭 전달하고 싶은 단 하나의 메시지를 전하고 판단을 구한다.
4. **[구성]** 독자를 진심으로 존중하므로, 독자가 궁금한 순서대로 구성한다.
5. **[제목]** 독자를 진심으로 존중하므로, 제목부터 본문까지 이어지는 독자의 경험이 자연스럽게 이어지도록 최대한 배려한다.

니다.

요컨대 자기를 조금만 내려놓고, 잠재적 독자(시청자)를 진심으로 존중하면 내 안의 공감 능력이 자동으로 나의 공감 능력을 극대화시킵니다. 그렇게 존중을 기반으로 당신이 만든 공감 콘텐츠가 빚어내는 최종 결과물은 뭘까요? 바로 '존중을 기반으로 한 관계'입니다.

잊지 마시기 바랍니다. 모든 답은 시험 공부할 때 배운 요령이 아니라 자기 안에 있는 법입니다.

PART 2
공감편

신인류가 열광하는
스토리의 4가지 공감 코드

저는 가끔 부족한 공감 능력 탓에 뜻하지 않게 주변 사람들에게 상처도 줄 때도 있었습니다. 그런데 스브스뉴스라는 행운의 인연을 만나면서 그 속에서 20대 인턴, 피디들과 5년 가까이 동고동락하며 함께 콘텐츠를 만들고, 격하게 토론하고, 때론 갈등도 겪으면서 돈 주고 배울 수 없는 것들을 배웠습니다. 다행히 스브스뉴스 팀에서 3~4년쯤 지났을 때 20대들로부터 '성격이 예전보다는 나아지셨다 혹은 그 정도면 같이 일할 만하다'라는 칭찬도 들었습니다. 아직도 많이 부족하지만, 제가 배운 걸 잊어버릴까 봐 스스로 정리하는 차원에서 기록했던 걸 이렇게 세상에 공개합니다. 공감이라는 건 정말 끝없이 깊은 세계인 것 같습니다. 그리고 이젠 그 어느 때보다 공감이라는 게 콘텐츠, 마케팅뿐 아니라 모든 분야 경쟁력과 직결된 시대가 된 것 같습니다.

이 파트에서는 제가 스브스뉴스 팀에서 일하며 발견한 MZ세대(밀레니얼+Z세대) 네 가지 코드에 대해 이야기해 보겠습니다. 정말 힘들게 배웠기에 저에겐 참 소중한 것들입니다.

1) 당연한 존중
2) 조건 없는 신뢰
3) 힙한 나눔
4) 행동하는 양심

공감 코드 1: 당연한 존중

당신도 나도 대통령과 동급입니다

이 챕터를 읽으면 좋은 점

그거 아세요? 당신이 누군가의 말을 듣고 기뻐했다면, 그 사람이 '표면적으로 하는 말' 때문이 아니라 그 사람의 말 뒤에 숨은 '대전제' 때문이라는 걸 말이죠. 이 챕터에선 나와 다른 세대와 공감하며 스토리텔링을 하기 위한 하나의 '대전제'에 대한 이야기를 다룹니다. 대부분의 기성세대는 굉장히 낯설어 하는데, MZ세대에겐 매우 당연하게 받아들여지는 '대전제'가 있습니다.

대기업에 다니는 50대 부장님께 "당신은 직원을 존중하십니까?" 라고 묻는다면 대부분 이렇게 답할 것입니다.

"그럼요, 요즘이 어떤 시대입니까. 항상 부하 직원들 존중해야죠.

특히 미투 열풍 이후로는 솔직히 여직원들 눈치 엄청 봅니다."

하지만 대부분 자신이 존중을 실천한다고 생각하는 그 부장님께 그래서 존중을 어떻게 실천하냐고 물어보면 대개 이런 식입니다.

"여자니까 좀 더 배려해 줘야죠. 그래서 남자 직원들에게도 늘 여직원 챙기라고 당부하고 있고요."

만약 이 대기업 부장님이 여직원을 배려하고 있다고 느낀다면 그 사람은 '꼰대'라고 불릴 가능성이 큽니다. 20대라면 그 부장님의 '여자를 배려해 준다'는 말 자체에 대해 강한 거부감을 갖기 때문입니다. '해 준다'라는 것은 가진 자가 못 가진 자에게 은혜를 베푸는 것입니다. 자연스레 상하 관계가 형성됩니다. 그래서 직장 생활에서 보통 기성세대가 존중한다고 해서 하는 행동이 20대들이 볼 때는 전혀 존중이 아닌 경우가 적지 않습니다.

'여자니까 배려해 준다'는 식의 마인드가 놓치고 있는 중요한 것

제가 스브스뉴스 팀에서 20대들과 토론하고 일하면서 그들로부터 배운 '진짜 존중'의 개념을 제 나름대로 정의해 본다면 아래와 같이 설명할 수 있을 것 같습니다.

존중: 원래부터 소중한 존재이기 때문에 그 누구로부터도 그 어떤 이유로도 침범당해선 안 되는 존엄한 권리를 마땅히 인정받는 것

다소 장황하지만 이것이 20대들 사이에서 받아들여지는 '존중'의 진짜 개념이라고 저는 해석합니다. 이 20대들의 '존중'에 대한 정의를 바탕으로 실생활에 올바르게 적용하면 아래와 같습니다.

여자는 존중해 주고 배려해 줘야 한다. (X)
여자는 사회적으로 존중받고 배려받을 권리가 있다. (O)

'권리'라 함은 매우 정당하고 당연하다는 것이죠. 누군가에게서 부여받은 것이 아닙니다. 즉 존중받는 건 처음부터 당연한 겁니다. 그렇다면 여자만 사회적으로 존중받고 배려받을 권리가 있을까요? 여성뿐 아니라 장애인, 성소수자, 외국인 노동자 등 그동안 우리가 사회적 약자라고 칭하고 그들의 권익을 보호하기로 사회적으로 합의한 특정 집단은 그 누구든 존중받고 배려받아야 합니다. 존중받지 못했던 역사가 있었고 아직도 제대로 존중받지 못하기 때문에 모든 사회 구성원이 함께 이들이 존중받는 문화를 만들기 위해 노력해야 합니다.

예전엔 장애인을 위해 '일반인'(예전엔 비장애인이란 말 대신 일반인

'신인류가 열광하는 스토리의 4가지 공감 코드' 관련 슬라이드

이란 말을 썼습니다)이 대중교통에서 자리를 비워 두는 것을 '배려해 주는 것'이라고 말하곤 했고, 그 자리를 차지한 장애인은 고개를 숙이고 고마워했던 시절이 있었습니다. 하지만 이젠 누구도 장애인석에 앉는 장애인이 누군가에게 고마워해야 한다고 생각하지 않습니다. 선진국일수록 장애인이 움츠러들지 않죠. 떳떳하고 당당하게 비장애인과 어울립니다. 당연하게 존중받아야 할 존재이기 때문입니다.

"당신은 대통령과 동급인가요?" 밀레니얼 세대에게 한번 물어보자.

흔히 말하는 밀레니얼 세대는 대한민국 사회에서 존중을 완전히 내재화한 첫 세대로 보입니다. 이건 예전에 국사 시간에 배웠던 동학농민운동의 "사람이 곧 하늘이다."라는 인내천 사상이 실현된 것이라고 볼 수도 있을 것 같습니다. 즉 밀레니얼 세대에 있어 당연한 생각은 '대통령과 나는 동급'이란 것입니다. 실제로 한번 주변의 20~30대에게 "대통령이랑 당신이랑 진짜 진짜 동급이라고 생각하나요?" 묻는다면 '대통령이 나보다 뛰어난 사람일지언정 나보다 높은 사람은 아니다'라고 말할 것입니다.

만약 오늘 오후 현직 대통령이 갑자기 시내 극장에 개인 자격으로

나와 대통령은 동급이다.
대통령이 나보다 대단한
사람일지언정
절대 우월한 건 아니다.

'신인류가 열광하는 스토리의 4가지 공감 코드' 관련 슬라이드

나타났다고 칩시다. 영화관 입장을 위해 긴 줄을 뚫고 극장주의 안내를 받으며 유유히 극장 안으로 들어간다고 해 봅시다. 저 같은 기성세대(저는 굳이 말하면 X세대 아래의 N세대)가 그 자리에 있었다면 "우와, 대통령이 영화를 보러 극장에 다 왔네."라며 신기해할 것입니다. 하지만 대부분의 밀레니얼 세대들은 '아니, 대통령이면 대통령이지, 지금 새치기한 거 아냐? 이거 공무상 불가피한 새치기 맞아?'라는 생각에 증거를 잡기 위해 스마트폰을 꺼내 사진을 찍을지도 모릅니다. 대통령의 일화는 아니지만 실제로 이와 비슷한 일이 있었습니다.

2018년 2월 16일 평창 동계올림픽에서 스켈레톤 윤성빈 선수가 금메달을 딸 때 박영선 당시 더불어민주당 의원(현 중소기업벤처부 장관)이 윤 선수를 응원하러 현장을 찾았다가 전국적으로 여론의 뭇매를 맞았습니다. 에이디(AD: accreditation, 인가) 카드 없이 피니시 라인 출입 금지 구역에 들어간 사실이 알려지면서 특혜 구설에 올랐던 겁니다.

박 의원이 등장한 구역은 일반인들에게는 출입이 허용되지 않는 구역입니다. 국회의원 중에서는 교육문화체육관광위나 미래창조과학방송통신위 등 관련 상임위 위원들만 에이디 카드를 발급받을 수 있습니다. 박 의원은 이와 무관한 국회 기획재정위원회 소속이었죠. 박 의원은 티켓을 사고 들어갔다고 해명했지만 일반인 출입 금지 구역인 피니시 라인에 아무런 제지 없이 들어간 것은 명백한 반칙이었죠. 윤성빈 선수 가족들도 못 들어간 구역에 국회의원이라는 이유로 마음대로 들어갔다는 사실에 많은 이들이 분노했습니다.

윤성빈, 한국 설상 최초 금메달 (연합뉴스, 2018. 2. 17)

사실 불과 10년 전만 해도 이 같은 '선 넘기'는 너무나 당연한 일이었고 구설에 오른 적도 없습니다. 국회의원 등 유력 정치인은 그 어떤 행사에서든 표 없이도, 패찰 없이도 무사통과였습니다. 주요 사건 현장의 폴리스 라인, 화재 조사 라인 등도 떡하니 넘나드는 것이 당연히 여겨졌습니다. 고백하자면 저도 사회부 기자 시절에 폴리스 라인을 수도 없이 넘어 다니곤 했습니다. 현장에서 대부분의 경찰관 또는 소방관은 처음엔 제지하려다가 기자라고 밝히면 모른 척 내버려두는 경우가 많았습니다. 국회의원이 나타나 갑자기 폴리스 라인을 넘어 들어오면 경찰서장 또는 고위층이 음료수라도 들고 달려 나와 의원님을 에스코트하는 것이 당시로선 상식이었습니다. 국회의원 영접하느라 정작 해야 할 조사나 수색을 잠시 멈춘 경우도 사건 현장에

종종 봤으니까요.

하지만 이제 그런 관행은 더 이상 용납되지 않습니다. 사람 위에 사람 없고, 사람 아래 사람 없다는 믿음이 사회적으로 자리 잡았다는 얘기입니다. 하물며 20대들 사이에서는 이건 절대적으로 받아들여지는 상식 중의 상식입니다.

기성세대와 밀레니얼 세대,
존중을 받아들이는 코드가 180도 다르다.

기성세대랑 존중 코드에 있어서, 기성세대랑 딱 부러지게 차이가 난다는 것을 보여 주는 장면이 있습니다. 「한끼줍쇼」라는 JTBC 프로그램에서 강호동 씨가 길을 가다 꼬마 애한테 "어떤 사람이 될 거야? 어른이 되면?"이라고 묻자 옆에 있던 이경규 씨가 "훌륭한 사람이 되어야지!"라고 장난스런 표정으로 덕담을 합니다. 그때 이효리 씨가 갑자기 이렇게 말했습니다.

"뭘 훌륭한 사람이 돼? 그냥 아무나 돼!"

그냥 농담을 주고받은 것처럼 아주 짧게 지나간 이 장면은 수많은 네티즌들에 의해 캡처돼 SNS 상에서 '이효리의 개념 발언'이라는 수식어와 함께 급속도로 퍼졌습니다. 이효리 씨의 "그냥 아무나 돼."라는 덕담 한마디가 밀레니얼에게 어떻게 다가갔기에 그토록 파급력 있게 퍼져 나갔을까요? 일부 기성세대는 '아니 왜 이효리 씨의 그 말

기성세대

존중받기 위해
노력해야 했던 세대

20대

어떤 조건과
상황에서도
존중 받아야 하는 세대

'신인류가 열광하는 스토리의 4가지 공감 코드' 관련 슬라이드

에 그렇게들 난리야'라고 이해를 못하기도 합니다.

이 장면을 보면 기성세대와 밀레니얼 간의 명확한 인식 차이를 엿볼 수 있습니다. 이경규로 대표되는 기성세대는 존중받기 위해서 반드시 훌륭한 사람이 되어야만 했던 세대입니다. 기성세대는 학교 다닐 때 공부를 잘하거나, 부모님이 부자이거나, 운동을 잘하든가, 그도 아니면 싸움이라도 잘해야만 '가치 있는 인간'으로 인정받을 수 있는 세대였죠. 학내 체벌이 일상이었고 '귀싸대기'라는 말이 익숙했던 그 시절 별로 내세울 게 없는 학생들은 '훌륭한 학생'보다 더 많이 운동장을 뛰어야 했고, 때론 더 많이 맞기도 했습니다. 군부 독재 시절의 잔재가 남아 있던 교실에선 위계질서와 상하 관계가 확실했고, 더 잘난 학생과 못난 학생의 구분이 뚜렷했습니다. '학생의 본분'인 공부를 잘하지 않는 학생들은 발언권조차 충분히 존중받지 못했습니다.

남들보다 훌륭하지 않으면 무시당하면서 살아야 하는 것을 당연한 운명으로 여겼습니다. 2000년대 이전에 중고교 시절을 보낸 사람이라면 학생이 소신 발언을 했을 때 선생님의 이런 호통을 치는 장면이 굉장히 자연스럽게 느껴질 것입니다.

"야! 이 자식아, 하라는 공부는 제대로 안 하면서, 뭐가 그렇게 말이 많아?"

위 말은 제가 실제로 중고등학교 시절에 교실에서 일상적으로 들을 수 있었던 말이었습니다. 공부와 소신 발언 사이 아무런 관련이 없는데도 말입니다. 영화 「친구」에서 장동건 씨가 담임선생님 앞에서 눈을 내리깔지 않고 정면으로 바라봤다는 이유로 따귀를 맞으며 "니 아부지 뭐하시노?"라는 요즘 같으면 인격 살인에 가까운 발언을 듣는 것도 당시로선 지극히 자연스러운 일이었습니다. 영화 속 장동건 씨는 왜 맞았을까요? 공부를 못했기 때문입니다. 공부를 잘하거나 부모가 잘나가는 '훌륭한 학생'들은 학교에서 누구보다도 인간적으로 따뜻한 대우를 받았습니다.

훌륭한 사람이 되든 안 되든 존중받아야 하는 것 아닌가요?

요즘 20대들도 '훌륭한 사람이 되어라'는 말을 귀에 인이 박히게 들어 오며 자란 것 같습니다. 하지만 최소한 훌륭한 사람이 아니라 하더라도, 시험 점수가 높지 않다 하더라도 조금도 차별받아선 안 된다는 생각을 확고하게 갖고 있습니다. 바로 그 점이 저 같은 기성세대와 다릅니다. 학교에서 점차 체벌 문화가 사라지고, 젊고 깨인 교사들이 늘어난 학교에서 생활한 세대이다 보니 기성세대보다는 '난 소중하다'는 의식이 있기 때문입니다. 이들은 공부를 잘하든 못하든, 운동을 잘하든 못하든 똑같은 인간으로서 존중받는 것이 당연하다고 여깁니다. 물론 이들도 선생님들이 대놓고 차별하진 않더라도, 속마음으로는 소위 유명 대학 진학생 수를 채워 줄 수 있는 '(선생님 기준으로) 훌륭한 학생'을 더 아낀다는 사실을 잘 알고 있습니다. 그게 너무 싫은 거죠. 그래서 어른들이 그냥 좋은 의도로 '훌륭한 사람이 되라'고 덕담해도 20대 또는 밀레니얼 세대는 곧이곧대로 받아들이지 않습니다. '훌륭한 사람이 되지 않으면 나는 가치 없는 사람인 건가요?'라는 저항심이 치고 올라와 표정이 일그러질 가능성이 큽니다. 이들의 눈에는 오히려 '훌륭하지 않은 사람'에게도 따뜻하게 대하는 어른이야 말로 진정으로 훌륭해 보입니다. 그래서 이효리 씨의 "그냥 아무나 돼."라는 그 짧은 한마디에 열광해 화면을 캡처해서 여기저기 퍼 나른 것입니다. 그 꼬마 애는 훌륭한 사람이 되든 말든 간에 너무

나도 소중한 인격체라고 효리 씨가 인정해 준 것이니까요.

존중을 둘러싼 기성세대와 밀레니얼 간의 인식 차를 더 알아보기 위해 한 가지 상황을 더 예시로 들어 보겠습니다.

"아니, 김 대리! 그렇게 떳떳하게 얘기하려면 네 할 일 다 해 놓고 그런 다음에 하고 싶은 주장을 해야지. 제대로 하지도 못하면서 그렇게 할 말 못 할 말 다 하니? 아이고! 잘났어 정말!"

우리 나라 기업 문화에서 기성세대인 부장님이 밀레니얼 세대인 신입 사원에게 열 받아 내뱉을 만한 멘트입니다. 좋은 대학을 나왔거나 승진을 빨리 했거나 등등 '훌륭한 사람'일 때에만 동창회에 얼굴을 당당하게 내밀 수 있는 세상에서 살아 온 기성세대 입장에서 '훌륭하다고 볼 게 없는' 신참이 당당하게 소신껏 하고 싶은 말을 다 하면 이해가 잘 안 되고 무의식적으로 속이 뒤틀립니다. 꾹 참고 살아왔던 자신의 지난 세월이 억울하기 때문이기도 합니다. 10~20년 전만 해도 지금 직장에선 상상할 수도 없는, 동물 부를 때나 쓰는 욕을 모두가 보는 앞에서 공개적으로 듣거나, 제출한 보고서가 둘둘 말리더니 내 머리를 퍽퍽 때리는 도구로 돌변한 순간에도 참고 견뎠던 경험을 기성세대들은 다들 공유하고 있거든요.

하지만 밀레니얼의 생각은 완전히 다릅니다. '자기 할 일을 다 해 놓은 것'과 '옳고 그른 것에 대해 말하는 것'은 완전히 별개의 것입니다. 아무리 업무상 성과가 부족한 사람이라도 자신의 의사를 떳떳하게 말할 권리가 있고 그 권리는 침해당해선 안 된다고 믿습니다. 직장 내 대부분의 신구 갈등은 이러한 인식의 차이에서 비롯되는 것 같습니다.

직장 상사가 보다 못해 '내가 널 생각해서 해 주는 말인데' 하며 조언을 하면, 밀레니얼 세대는 듣기 전부터 일단 표정이 굳습니다. '꼰대질'이라면서 위에서 그 상사를 비난할 지도 모릅니다. 그런데 제가 겪어 보니, 밀레니얼 세대는 무조건 조언을 싫어하는 게 아니었습니다. 그들이 진짜 싫어하는 건 바로 '나에 대해 애정도 없이 던지는 차가운 어른들의 시선'입니다. 애정과 존중을 먼저 대전제로 깔아 두고 해 주는 조언에 대해서는 그들은 오히려 기뻐하고 고마워합니다. 하지만 그 대전제 없이 해 주는 조언에 대해서는 그 내용의 사실 여부를 떠나 '지금 당신이 날 존중하고 있나요? 무시하고 있는 거 아닌가요?'라는 관점에서 받아들이는 경향이 있습니다. 평소에 제대로 존중받지 않는다고 느낄 경우 더 그렇습니다.

'당연한 존중'이란 말 자체에 왜 울림이 있을까?

2018년 초 스브스뉴스가 정한 새 슬로건은 '뉴스에는 위아래가 없다'입니다. 초창기 슬로건인 'SBS가 자신 있게 내놓은 자식들'이 지상파에선 감당 못할 젊고 파격적인 콘텐츠를 선보이겠다는 생각을 담았다면 새 슬로건은 '모두가 존중받는 위아래 없는 세상'을 꿈꾸며 성역도 경계도 없이 뉴스를 만들겠다는 의지를 담았습니다. 스브스뉴스 유튜브의 주요 재생 목록 가운데 '당연한 존중'이라는 카테고리를 비중 있게 배치하기도 했습니다.

밀레니얼 세대를 이해하는 데 제일 중요한 첫 번째 키워드로 저는 '당연한 존중'을 꼽습니다. 여기서 '존중'보다 더 중요한 말은 앞의 수식어인 '당연한'입니다. 기성세대의 경우 존중이 당연하지 않은 환경에서 자라 온 세대이기 때문에 여전히 존중을 '해 준다'고 생각하는 경향이 있습니다. 존중이 '해 주는' 것이 되었을 때 20대들은 그 존중이 당연하지 않기 때문에 적지 않은 불쾌감을 느끼게 됩니다.

그래서 스브스뉴스는 아주 가벼워 보이는 이야기 속에서도 '그들이 왜 존중받지 못하고 있나. 그들의 존엄함을 공격하는 우리 사회 편견은 무엇인가'와 같은 무거운 메시지를 전했습니다.

가장 기억에 남는 스브스뉴스의 '당연한 존중' 콘텐츠는 '생리 끝, 행복 시작이다'라는 카드뉴스입니다. 트위터에 올라왔던 글을 보고 한 인턴이 발제했습니다.

엄마가 "나 이제 폐경됐어."라고 우울한 말투로 말하자 딸이 "엄마 폐경이 아니고, 완경한 거야. 요즘 단어 이렇게 바꾸고 있대."라고 답했다는 아주 짧은 글이었습니다. 수많은 이들이 공감해 리트윗이 수만 건에 달린 트윗이었습니다. 우리는 이 '완경'라는 말이 네티즌이 만든 신조어인 줄 알았는데 확인해 보니 의학계에서 나온 말이었습니다. 국립중앙의료원 안명옥 원장이 책에서 이 말을 쓰자고 제안한

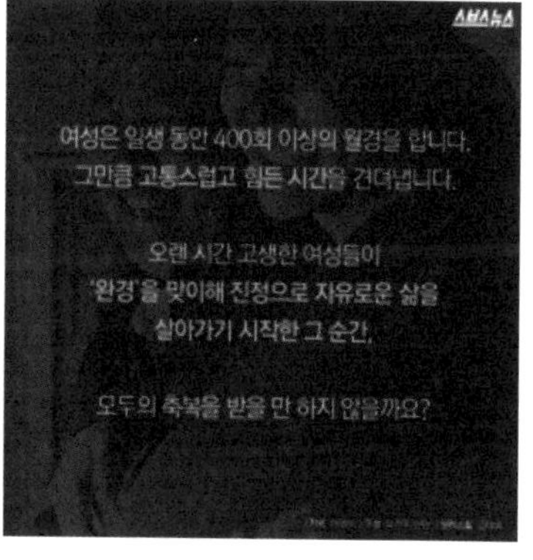

스브스뉴스 '생리 끝! 행복 시작이다!' (2016. 3 유건욱 인턴)

것이 시초였습니다.

여성의 신체에 대해 평생을 연구한 전문가가 폐경이란 말보다 완경이란 말이 더 적절하다고 제안한 것입니다. 여성은 누구나 중년이 되면 월경이 멈추고, 호르몬 변화로 수면 장애, 감정 변화 등 다양한 증상을 겪게 됩니다. 어느 때보다도 가족과 사회의 배려와 도움이 필요한 시기입니다. 그런데 이때 신체 기능이 닫혔다는 '폐경'이란 말은 마음마저 닫게 만듭니다. 평생 고통스런 시간을 견뎌 내다 자연이 부여한 소임을 마치고 역할을 완성하는 '완경'을 맞이해 진정으로 자유로운 삶을 살아가기 시작한 그 순간, 모두의 축복을 받는 것이 마땅하지 않을까요? 안명옥 원장의 인터뷰와 '완경'이란 말을 정착시키기 위한 여성운동을 소개하는 카드뉴스를 제작해 올리자 반응은 아주 뜨거웠습니다. 특히 공유 건수가 많았던 콘텐츠였습니다. '엄마에게 보여 줘야 되겠다'는 댓글도 많았고요.

대한민국 사회에서 '나이 든 여성'만큼이나 제대로 존중받지 못하는 계층이 또 있을까 싶습니다. 아무도 그들이 얼마나 이 사회에 큰 기여를 했는지 주목하지 않습니다. 최근 세계 최저 수준의 저출산 문제의 원인은 다양하겠지만, '집에서 애 키우는 일'이 얼마나 이 사회에 크나큰 기여를 하는지 인정해 주지 않는 이 사회 문화가 한몫했다고 저는 생각합니다.

체구 큰 여자도, 미성년자도, 성적 소수자도, 동물도… 지금 존중받고 있나요?

평소 존중받지 못하는 이들을 향해 따뜻한 시선을 던지며 그들을 존중할 수 있는 아이디어를 제공하는 것만으로도 수많은 이들의 공감을 살 수 있었습니다. 스브스뉴스는 수많은 '존중 콘텐츠'를 만들었습니다. '체구가 큰 여성도 존중받아야 한다'는 생각으로 플러스 사

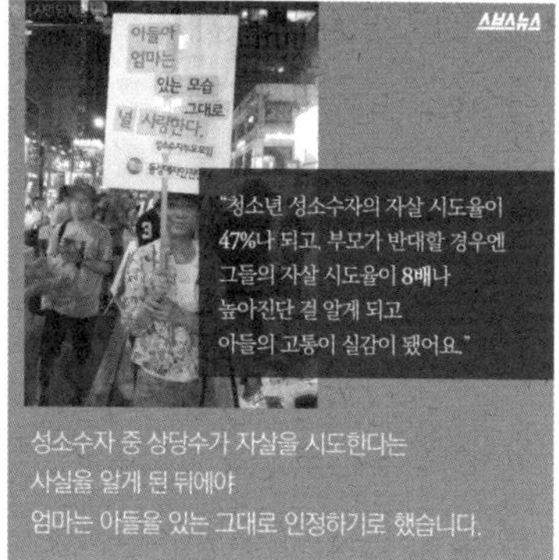

스브스뉴스 '우리 아이를 꽃으로도 때리지 마세요' (2016. 6 오다록 인턴)

이즈 모델을 부각하는 콘텐츠를 만들었습니다. 성인 기준에서 한두 살 모자라더라도, 정치적 의사 표현의 권리를 존중받아야 한다는 생각으로 '미성년자 투표권 논란'을 다루기도 했습니다. 동물도 존중받아야 한다는 생각으로 동물 학대 현장을 고발하고, 동물들에게 끊임없이 고통을 주는 이 사회의 구조에 대해 강하게 비판하는 콘텐츠도 만들었습니다. 감정이 있고 아픔이 있기 때문에 동물도 존중받아야 한다는 생각을 콘텐츠에 담았고, 수많은 독자들이 '이 콘텐츠는 반드시 모두 다 봐야 해"라는 마음으로 퍼 날라 주셨습니다.

세상 사람들의 존중은커녕 주목조차 받지 못한 이들의 이야기를 다뤄 적지 않은 반향을 일으켰던 콘텐츠도 있습니다. 바로 성소수자의 가족 사연을 다룬 카드뉴스였습니다. 성소수자의 어머니들이 서울 광장 앞에서 소소하게 연 프리허그 행사에 우리는 주목했습니다. 일부 인터넷 매체가 짧은 기사 몇 줄로 다룬 것을 우연히 본 뒤 우리 팀원들이 직접 찾아가 그 엄마들을 만났습니다.

아주 잠깐이라도 좋으니 만약 당신의 자녀가 게이나 레즈비언이라고 상상해 봐 주세요. 이 상황을 실제로 겪은 엄마들은 처음엔 '내가 DNA가 문제가 있나' 혹은 '내가 태교를 잘못했나' 혹은 '내가 애를 못 키웠나'와 같은 자책감에 밤잠을 못 이룬다고 합니다. 그리고 정신과에 아이를 데리고 다니면서 '어떻게든 돌아와라' '정신 차려라' 이런 식으로 자녀를 바꾸려는 시도를 합니다. 그러다 성소수자 가족 중 무려 절반 가까이 겪는 사건이 발생합니다. 바로 자살 소동입니다. 그런 일을 겪고 나면 엄마들의 생각이 바뀌기 시작합니다. 그제야 대화를 시도하고, 자녀의 성적 정체성을 인정하기 시작합니다. 그런 다음 비로소 엄마들의 시선은 아들딸이 살아가야 할 이 사회로 향합니다. 엄마들 눈에 내 아들딸이 살아가야 할 사회는 너무나도 차갑고 두렵기만 합니다. 앞으로 그들이 그 사회에서 겪어야 할 편견과 차별을 생각하면 견딜 수가 없습니다.

그런 마음을 공유한 엄마들이 우리 사회를 조금이라도 바꿔 보고자 부끄러움을 마다하고 서울광장에 모여 행사를 연 것입니다. 여전히 성적 소수자에 대한 삐뚤어진 시선이 엄존하는 이 사회에서 엄마들은 당당히 얼굴을 내밀었고, 프리허그 행사를 하며 가슴도 열었습니다. 참 숭고하고 대단한 용기이자 사랑입니다. 얼마나 깊은 의미가 담긴 행사인가요. 우리들은 '내 아이를 존중해 주세요'라고 애타게 호소하는 엄마들의 마음을 그대로 담기 위해 노력했습니다. 특히 디자이너가 정성스레 그린 일러스트 덕분에 상당한 공감을 일으킨 카드뉴스였습니다. 게시 이후 '눈물을 흘렸다'는 댓글이 유독 많이 달렸던 작품이었습니다.

이렇게 '존중' 사상에 정말 관심이 많은 밀레니얼 세대에게 그중에서도 가장 중요하고 관심이 많이 가는 존중의 대상은 무엇일까요? 바로 '자기 자신'입니다. 대부분의 20대는 자기 자신이 이 사회에서 존중받지 못하고 있다고 생각하기 때문입니다. 사회적으로 존중을 충분히 받지 못하니 스스로라도 자신을 존중하기 위한 '자존감 찾기' 열풍이 서점가에 분 것으로 보입니다.

트렌드 서적이 경쟁적으로 쏟아져 나오고 있습니다. 저도 이런 트렌드 책을 좋아해서 많이 보는 편인데, 책에 등장하는 트렌드 키워드를 보다 보면 요즘 뜨는 유행에 대해서는 잘 정리돼 있는데 이런 키워드가 어떤 배경에서 나온 것인지에 대한 분석은 좀 부족하다는 느낌이 들었습니다.

소확행, 언택트, 가심비, 비혼, 워라밸…
숱한 트렌드 키워드들을 관통하는 핵심

소확행, 언택트, 가심비, 비혼, 워라밸… 다들 들어 봤음직한 이 트렌드 키워드가 품은 진짜 함의는 뭘까요? 어떤 배경에서 나온 키워드일까? 이 모든 트렌드 키워드의 발원지는 '존중받고 싶은 욕구'라고 저는 해석합니다. 즉 '내가 중요하다고 생각하는 가치가 이 사회에서 최근 나오는 트렌드 키워드를 보면 대부분 '자존감' 관련…

소확행 = 나의 작은 행복은 존중받아야 한다.

워라밸 = 나의 직장 외 시간은 존중받아야 한다.

비혼 = 결혼 안 해도 존중받아야 한다.

가심비 = 남과 다른 내 취향도 존중받아야 한다.

'신인류가 열광하는 스토리의 4가지 공감 코드' 관련 슬라이드

제대로 존중받지 못하고 있다'는 안타까움에서 발현된 생각이 트렌드 키워드로까지 발현된 것으로 저는 생각합니다. 이에 대해 스브스뉴스 팀 20대 팀원들에게 저의 이 해석이 맞냐고 물어봤더니 "제법 정확히 보셨군요. ㅋㅋ"라고 칭찬을 들은 바 있습니다.

'소확행(소소하지만 확실한 행복)'이란 말부터 봅시다. 정말로 밀레니얼 세대가 '진짜 작은 것에서 확실한 행복을 찾을 거야'라고 작정하고 작은 것에만 집중하고 있는 걸까요? 과거엔 큰 취미와 큰 행복을 추구하다가 트렌드가 변해 젊은이들이 어느 날부터 갑자기 작은 취미, 작은 기쁨에 집착하고 있는 걸까요? 그보다는 소확행에 담긴 진짜 핵심적인 생각은 이런 것 같습니다.

'내가 이거 좋아하고, 이거에 시간 보내는 거 뭐라고 그러지 좀 마세요. 작은 것이긴 해도 난 진짜 행복하거든요.'

어찌 보면 '나의 작은 행복을 제발 존중해 주세요'라고 호소하는 것이 아닐까 싶습니다. 우리나라는 주변의 참견이 유별나게 심한 사회입니다. 내 작은 취미를 갖고도 '그게 취직에 도움이 되니?'와 같은 시각으로 주변에서 자꾸 뭐라고 합니다. 밀레니얼 세대는 그게 싫은 것 같습니다. 정확히 말하면 그런 참견이 싫다는 의사를 표출하고 떳떳하게 내 의사대로 즐길 수 있을 만큼 이제 자존감이 생긴 것입니다.

워라밸(work and balance)도 마찬가지입니다. '일과 생활의 균형을 잘 맞춰야겠다'는 의지라기보다는 자기만의 시간을 존중받기 위한 호소에 방점이 찍혀 분석돼야 합니다. 즉 직장에서 근무시간도 아닌데 자꾸 간섭하는 것을 더 이상 용인하지 않겠다는 것이죠. 그렇게 나만의 시간을 침해당할 바엔 차라리 사표를 내는 밀레니얼 세대가 늘고 있습니다.

비혼 역시 '결혼을 안 해도 행복한 인격체로서 존중받고 싶다'는 것이 핵심인 것 같습니다. 비혼을 선언한 젊은이들은 대체로 '진짜 죽을 때까지 절대 결혼 안 한다'고 결심했다기보다 '나중에 할 수도 있지만 지금은 하고 싶지 않다'고 생각하는 경우가 훨씬 많습니다. 자꾸 '결혼해라~ 그러다 후회한다~'라고 조여 오는 사회적 압박에 대해 저항하는 생각이 담긴 용어인 겁니다. '이 사회가 나의 선택을 존중하지 않으니 나라도 내 선택을 존중해야겠구나'라는 생각에서

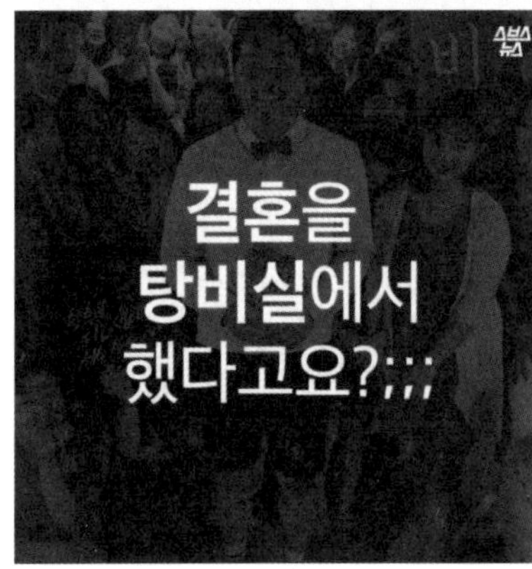

스브스뉴스 '재재의 비혼식에 초대합니다' (2018. 2) / '탕비실에서 결혼을?' (2017. 6)

'비혼주의자'가 되기로 선언하는 것 같습니다. 사실 이 사회에서 간섭하지만 않았다면 이들이 왜 애써 '비혼식'이라는 시위까지 벌여야 했겠나 싶습니다.

스브스뉴스에서도 트렌드 책들처럼 비혼, 워라밸, 소확행 등 최신 유행하는 트렌드를 자주 다뤘지만 괜히 가볍고 장난스럽게 다룬 적은 단 한 번도 없습니다. 항상 그 기저에 '아무리 작고 별난 선택이라

해도 늘 존중받아야 한다'는 사상을 깔고 제작했던 것 같습니다. 그래서인지 스브스뉴스 독자님들은 '응 요즘 트렌드가 이렇구나'라고 보는 게 아니라 '그래 이 (콘텐츠 속) 등장인물들처럼 나도 당당해져야지'라는 생각을 하고 보는 것 같습니다.

스브스뉴스에서 소위 대박을 터뜨리는 콘텐츠는 대부분 이렇게 '존중'이란 코드와 관련이 있습니다. 이런 '존중 아이템'은 그냥 공감이 아니라 '격한 공감'을 일으키기 때문입니다. 무슨 일이 있어도 이 카드뉴스를 최대한 많은 사람들에게 퍼 나르고 말겠다는 20대 독자님들이 모여들더니 퍼 나르고 또 퍼 나르며 우리를 마구 도와줍니다. 스브스뉴스 초기엔 지상파 방송의 도움을 받지도 않았고, 예산이 부족해 별도의 콘텐츠 확산을 위한 광고비를 쓴 적도 없습니다. 스브스뉴스는 생긴 지 반 년쯤 지났을 무렵 유명해졌는데 사실 그때도 SBS 내부에서 "스브스? 그게 뭐야? 이름이 왜 이래?"라고 물어보는 분들이 대부분이었습니다. 오늘 날 스브스뉴스가 유튜브, 페이스북, 인스타그램 등 15개 플랫폼에서 총 구독자가 150만 명이 넘는 것은 모두 그 밀레니얼 독자님들이 사명감을 갖고 우리 콘텐츠를 피 날라 준 덕분입니다. 그 독자님들의 마음과 스브스뉴스를 이어 준 가장 중요한 연결 고리는 다름 아닌 '당연한 존중'이었습니다.

공감 코드 2: 조건 없는 신뢰

MZ세대의 마음을 움직이는 중력의 법칙

이 챕터를 읽으면 좋은 점

MZ세대와 함께 스토리텔링을 해야 하는 콘텐츠 제작팀은 어떻게 운영되어야 할까요? 스브스뉴스팀에서 MZ세대와 갈등을 겪으면서 제가 간신히 깨달은 게 하나 있습니다. 이들과 협업하는 방식은 기존 방식과는 달라야 한다는 것입니다. 제목에서 '조건 없는 신뢰'란 단어 보시고 '그래 참 좋은 말이지.'라는 생각과 함께 그냥 뻔하게 느껴지신다면 이 챕터를 꼭 읽어 보시길 권합니다. 당신이 만약 MZ세대라면 팀장님에게 이 챕터를 보여 주시기 바랍니다.

여러분은 사회생활 하면서 무엇 때문에 가장 힘드신가요? 보통 일 자체가 힘들어서라기보다는 사람들과 관계가 힘들 때 스트레스를 많이 받는 것 같습니다.

사실 제가 스브스뉴스 팀에서 5년 가까이 일하면서 가장 힘들었던 것도 20대 팀원들과의 갈등이었습니다. 한때 밀레니얼 세대를 분석하는 책들이 잇따라 베스트셀러에 오르면서 직장 내 세대 갈등이 사회 이슈까지 됐는데 하물며 저는 밀레니얼 세대에게 뒤덮인 채 4년 이상을 보냈거든요. 사실 저는 이미 개인보다는 조직 위주인 기자 사회 분위기에 젖어 있었는데, 저보다 10년 이상 어린 친구들과 어울려 일을 하다 보니 가치관 차이가 생각보다 크더라고요. 솔직히 처음엔 이해가 가지 않는 점이 많아서 쉽지 않았고 속으로 끙끙 앓기도 했습니다.

그런 속앓이 끝에 너무 감사하게도 제가 한 가지 소중한 것을 배웠는데, 그건 바로 '사람을 믿는다는 것의 위력'입니다. 이 믿음의 원리만 잘 알면 웬만한 갈등은 비교적 쉽게 해결할 수 있더라고요. 아무리 비싼 돈을 주고도 배우기 힘든 이 값진 것을 저는 '믿음 기술'이라고 부릅니다. 사람을 믿는 게 어떻게 기술이냐고요? 저는 아주 유용한 기술이라고 생각합니다. 정말 도움이 되니 열심히 익혀서 일상에서 써먹어야 하거든요. 이 기술의 원리를 깨우친 이후 저는 팀원들로부터 "데릭(제 팀 내 영어 이름) 요즘 좀 달라졌어요. 다른 사람 된 것 같아요."라는 말을 들었습니다. 그때 겉으론 "뭐가?"라고 대답하며 태연한 척했지만 속으론 너무 기뻤죠.

'믿음 기술'을 설명하기 전에 좀 장황하게 배경 설명부터 해야겠네요. 스브스뉴스라는 프로젝트는 20대 대학생들을 인턴으로 뽑아 그들에게 한번 제작을 '맡겨' 본 시도에서 비롯됐습니다. '신뢰(信賴)'라는 말의 한자를 보면 '믿을 신' 자에 '맡기다 또는 의지하다 뢰' 자를 씁니다. 20대에 대한 신뢰가 스브스뉴스의 탄생 배경인 셈이죠. 당시 보도국에선 '기사는 제대로 훈련을 받은 기자가 써야 한다'라는 게 상식이었지만 20대 대학생들에게 과감하게 펜을 넘겨 정통 언론사의 한계를 극복하려 했던 것이니까요.

20대가 발굴한 소식에 20대의 관점을 담고, 논리 구성과 이미지 처리 등 부족한 부분은 프로페셔널 기자와 작가가 보완해 주면 쓸 만한 SNS 콘텐츠가 나올 것이라 생각했습니다. 특히 가볍고 젊은 이슈라 하더라도 사실 확인을 정확히 해서 믿을 수 있는 콘텐츠를 만들면 'SBS뉴스의 품격을 떨어뜨렸다'는 비판에서 자유로울 수 있을 것으로 봤습니다.

20대 초중반의 인턴과 피디들 입장에서는 거대한 SBS방송국 건물에 들어와 내 손으로 직접 콘텐츠를 만든다는 게 여간 부담스러운 일이 아닙니다. 그래서 그들의 마음속에 자신감과 자부심을 불어넣는 과정이 필요했습니다. 움츠러든 어깨가 펴지도록 자부심을 줄 수 방법을 궁리했습니다.

분위기 세팅 1:
'말대답'을 제도화하면 벌어지는 일

처음에 인턴 또는 피디가 새로 들어오면 오리엔테이션에서 한 명을 골라 저는 이런 질문을 갑자기 던졌습니다.

"이력서 보니까 나랑 15살 차이는 나는데, 그러면 내가 인턴에게 내용을 이렇게 저렇게 바꾸라고 지시했을 때, 말대답하면 될까요, 안 될까요?"

그러면 지명받은 인턴 학생은 약간 기가 죽은 듯 "안 됩니다."라고 답합니다. 그러면 나는 기다렸다는 듯이 이렇게 말했습니다.

"틀렸습니다. 반드시 말대답을 해야 합니다. 팀장(기자)이 하는 말이 내 생각과 다르면 일단 무조건 한 번은 말해야 합니다. 여러분의 그 말대답이 꼭 필요해서 지금 여러분을 우리 팀원으로 뽑은 겁니다. 자기 의견을 숨기고 시키는 대로만 하는 사람은 저희는 필요 없어요. 남이 시키는 대로만 하고 말대답을 하지 않으면 자기가 배우는 것도 적어요. 본인한테 엄청난 손해입니다. 무조건 일단 말대답을 해 주세요."

한국 사회 조직 문화에서 '꼬박꼬박 말대답하는 분위기'를 만드는 것은 생각보다 쉬운 일이 아니었습니다. '하고 싶은 말 다 하라'고 여러 차례 말했지만 처음엔 분위기가 크게 달라지지 않았습니다. 그래서 고심 끝에 말대답하는 팀원이 나올 때마다 모두에게 들으라고 "이야, 내 아이디어보다 훨씬 좋네. 너희들은 왜 얘처럼 못 개기냐. 이렇게 잘 좀 개겨 봐라." 하며 농담하듯 칭찬을 해 봤습니다. 그랬더니 효과가 매우 좋았습니다. 하고 싶은 말 다 하는 분위기를 넘어 팀장인 저를 상대로 공개적으로 장난치거나 비꼬는 일도 자주 생겼습니다. 가끔 속이 부글거렸지만 어쨌거나 제가 의도한 것이어서 참을 만했습니다. 그렇게 참은 만큼 20대 팀원들의 사기가 올라갔고, 그만큼 콘텐츠 품질이 좋아졌거든요.

분위기 세팅 2:
의견이 부딪칠 때 팀장이 때때로 자기주장을 접어 보라.

언론사의 기사나 뉴스 제작 과정 중엔 '데스크'라는 단계가 있습니다. 기자가 기사를 쓰면 차장과 부장 등 관리자가 기사문을 첨삭하는 '게이트 키핑(gate-keeping)' 과정을 말합니다. 데스크 과정에서 더 좋은 기사가 만들어지기도 하지만, 때로는 기자의 본래 취지가 왜곡되기도 하고, 기사의 호소력이 떨어지기도 합니다. 데스크 과정에서 지나치게 글이 난도질당해도, 기자들은 대개 참고 넘어갑니다.

20대만의 감성이 최대 무기인 스브스뉴스의 데스크 과정은 일반 언론사 보도국의 전통적인 데스크 방식과는 달라야 한다고 생각했습니다. 그래서 역발상으로 '팀장이 허락받는 데스크'라는 걸 해 봤습니다. 보도국에선 팀장이 일방적으로 후배가 쓴 기사를 고쳐 쓰지만, 스브스뉴스에선 팀장이 고쳐 쓰면서도 팀원에게 일일이 허락을 받는 식입니다. 제가 "이렇게 고치면 더 좋지 않을까?"라고 물어보면서 한 문장씩 고쳐 나갑니다. 물론 어김없이 "싫은데요."라는 팀원 반응이 나옵니다. 그러면 제 생각이 맞는다고 생각해도 의도적으로 최대한 팀원 말대로 글을 구성해 줬습니다. 내가 A라고 한참을 주장하다가도 'B가 더 좋다'는 팀원 말을 듣고 '휴우~ 알았어 B로 가자'라고 팀장이 자기 입장을 접는 식이었습니다.

한번은 표현 방식을 놓고 토론이 길어져서, 내가 쓴 구성안과 팀원이 쓴 구성안을 단체 카카오톡 채팅방(이하 단톡방)에 올려 이른바 '인민재판'을 받은 적도 있습니다. 익명으로 두 구성안을 올리고 투표로 더 많은 표를 받은 구성안을 택하기로 하는 식입니다. 물론 제가 쓴 게 이기는 경우가 좀 더 많긴 했지만, 때로는 대학생인 팀원이 쓴 구성안이 더 표를 많이 받기도 했습니다. 그럴 때면 다른 팀원들은 동료의 승리를 축하하며, 함박웃음을 터뜨렸습니다. 팀장으로서 정말 창피한 일이지만, 나도 그렇게 내상을 입어 가며 20대의 감각을 배우게 됩니다. 팀장이 약간의 '쪽팔림'만 감수하면 팀 경쟁력은 확실히 올라갑니다.

믿음 세팅:
팀원을 어느 자리에 세팅하고 있나요?

스브스뉴스의 20대 팀원들에게 4년간 제작 테크닉을 가르치면서 깨달은 것은 배움의 효과가 믿음의 정도와 정비례한다는 사실입니다. 일단 제작자 본인이 자신을 얼마나 믿느냐가 가장 중요합니다. 그리고 리더 또는 팀장이 제작자를 얼마나 믿느냐가 그 다음으로 중요합니다. 나는 데스크를 보면서도 의식적으로 '너도 열심히 연습하면 곧 나 같은 프로페셔널 기자만큼 쓸 수 있어'라는 메시지를 은연중 전달하려 했습니다. 그리고 그 말에 어떤 반응을 보이는지 관찰했습니다. 빙그레 웃거나 고개를 끄덕이며 반응한 친구들은 확실히 성장 속도가 빨랐습니다. 하지만 '말도 안돼. 거참 영혼 없이 별말씀 다 하시네.'라는 표정으로 허탈하게 웃거나 씁쓸한 표정을 짓는 친구들은 좀처럼 실력이 늘지 않았습니다.

이런 경험을 하고 나중에 서점에서 제가 겪은 것이 과학적인 사실이라는 걸 확인할 수 있었습니다. 미국 행동과학의 거장인 캐롤 드웩(Carol Dweek)이 40년간 청소년의 동기와 성취를 연구한 뒤 집대성한 책에서 제시한 개념이 '성장 마인드셋'과 '고정 마인드셋'입니다. 자신의 능력은 계속 성장한다고 인식하는 '성장 마인드셋' 집단과 자신의 능력은 고정돼 있다고 믿는 '고정 마인드셋' 집단을 관찰해 보니, 성장에 대한 믿음이 인종, 부모 재산, 지역 등 다른 모든 요인을 압도하는 제1의 성장 요인이었다는 것입니다.

문제는 성장 마인드셋이 약한 팀원들이었습니다. 이 팀원들도 속으로 자신의 성장을 간절히 원하지만 성장보다 더 중요한 건 당장 좋은 평가를 받는 것이었습니다. 남보다 뒤지는 것 같으면 수치심을 견디지 못했습니다. 저는 다른 팀원과 비교할 의사가 없는데 본인 스스로 다른 팀원과 자신을 비교하며 경쟁 구도를 만들어 불필요한 스트레스를 받는 모습을 보니 안타까웠습니다.

그런 팀원들은 제가 구성안의 문제점을 지적하고 개선 방법을 가르쳐 줘도 별로 달라지지 않았습니다. 제가 개선점을 열심히 알려 주면 오히려 상처를 받기도 했습니다. 제 앞에서는 '한없이 쪼그라드는 느낌'이라고 말하는 팀원도 있었습니다. 저와 일하기 힘들다는 하소연을 뒤에서 한다는 사실도 때때로 저의 귀에 들어왔습니다. 처음엔 그들의 '마인드셋'이 문제라고 생각했습니다. 그렇다고 문제가 있는 구성안을 보고 '잘했다'고 거짓 칭찬을 해 줄 수도 없는 노릇이었습니다.

20대들이 절대 다수인 조직을 이끌어 본 사람은 알 것입니다. 젊을수록 감수성이 예민하기 때문에 이들은 분위기에 쉽게 휩쓸립니다. 예컨대 카카오톡 단체 채팅을 통해 수시로 '아 힘들다' '아 퇴근하고 싶다' '회사 그지 같다' 같은 말을 주고받으며 하루를 보낼 수도 있습니다. 열심히 일하고 싶은 팀원도 동료의 이런 하소연을 자주 접하다 보면 점점 생각이 힘들다는 쪽으로 미치게 되고 일하기 싫어집니다. 그러다 어느 날 갑자기 갈등이 증폭되고 총체적 난국에 빠질 수 있습니다. 멀쩡하던 팀이 한순간에 흔들립니다. 20대 직원들이 많이 모인 스타트업 또는 벤처 기업에서 흔히 겪는 일들입니다.

저도 '데릭과 일하는 건 힘들다'는 생각을 팀원 모두가 공유하고 있다는 걸 우연히 알게 돼 충격을 받은 적이 있습니다. 그들은 팀장이 뭘 크게 잘못했다고 하는 건 아니었습니다. 제가 구성안에 대해 부족한 점을 지적하는 내용도 다 맞는 말이라는 공감대가 있었습니다. 하지만 중요한 건 결과적으로 '힘들다'는 것이었습니다. 제가 우려했던 것은 그렇게 힘들다는 생각을 자꾸 하게 되면 성장이 멈출 수

SBS 목동 사옥 19층
스브스뉴스 사무실

있다는 것이었습니다.

걱정이 많이 될 때마다 저는 습관처럼 SBS 목동 사옥 앞의 교보문고를 찾습니다. '나의 리더십은 왜 이리 엉망일까?'라는 궁금증을 해결하고 싶어 리더십 또는 자기 계발 서적들을 뒤지고 또 뒤졌습니다. 다양한 책에 나온 이론을 보다가 문득 든 생각은 우리 팀원들은 힘들게 한 것은 100%는 아니어도 최소한 절반 이상은 제 잘못 때문이었다는 것이었습니다.

잘잘못을 떠나 부인할 수 없는 건 제가 결과적으로 그들을 힘들게 했다는 것입니다. 저는 저에게 스스로 자문해 봤습니다.

'나는 그들이 성장할 수 있다고 진심으로 믿고 있나?'

솔직히 믿기 힘든 팀원도 있었습니다. 저는 저와 갈등을 겪고 있는 일부 팀원의 성장을 사실 매우 의심하고 있었습니다. 특히 제 말을 안 들으면 그 팀원의 미래도 어둡다는 식의 오만한 생각에 빠져 있었습니다. 저는 '그런 무의식적인 생각이 결과적으로 그들을 힘들게 하지 않았을까' 하는 뼈저린 반성을 했습니다.

팀원의 성장을 믿기로 결심한 뒤 일어난 믿기 힘든 변화

그리고 결심했습니다. 저와 함께 일하는 피디와 인턴들은 반드시 멋지게 성장할 것이라고 믿기로 했습니다. 그걸 대전제로 삼기로 했습니다. 솔직히 쉽지 않았습니다. 하지만 그냥 마음을 내서 해 보기로 했습니다. 이렇게 스스로에게 주문을 걸었습니다.

'이 친구는 어차피 나중에 잘 된다. 쑥쑥 성장해 반드시 큰 인물이 될 것이다. 이 친구가 지금 부족해 보이는 건 내가 이 친구의 진면목을 잘 몰라서다. 그러니 일단 '훌륭한 팀원'이라는 걸 전제로 조금이

라도 도움이 되는 말을 해 주자.'

그 뒤부터 나의 지적 또는 조언을 해 주는 스타일이 조금 달라졌습니다. 예전에는 한 팀원에게 A라는 장점과 B라는 단점이 있을 때, 저는 B라는 단점을 고쳐 주는 게 도움이 된다는 생각으로 B에 대해서만 주로 지적했습니다. 하지만 예민한 성격의 팀원의 경우 수치심이 느껴져서인지 제 말을 잘 이해하지 못하는 듯했고, 스트레스까지 받아 힘들어하기만 했습니다.

하지만 '이 팀원은 어차피 크게 될 인물이다'라고 속으로 생각한 뒤 조언을 해 주자고 다짐한 뒤부터는 저도 모르게 말하는 순서가 바뀌었습니다. 일단 그 팀원의 A라는 장점부터 말을 꺼내게 되더라고요. 결과적으로는 좋은 구성안이라 하기 어렵다 하더라도, A라는 장점을 발현시키기 위해 그 팀원이 노력한 흔적이 눈에 보입니다. 그때 '아, A라는 좋은 의도를 갖고 고심을 하다 보니까, 이런 표현을 하게 된 것이었구나'라고 말을 시작합니다. 제 나름대로는 이를 '인정'의 단계라고 부릅니다. 잘해 보려고 애쓴 데 대해 일단 인정을 하고 시작하는 겁니다. 그럼 그 팀원의 마음이 열립니다. 표정이 부드러워진 걸 눈치채고 그때 비로소 B라는 단점을 개선하는 방법에 대해 얘기를 꺼냅니다. 물론 말하는 관점이 '너는 B를 못해서 큰일이야'라는 식으로 하지 않았습니다. '너는 A를 엄청 잘하기 때문에 B만 보완하면 대박 날 거야'라고 '성장' 쪽으로 내 언어의 방향을 세팅했습니다. 그랬더니 조언을 들은 그 친구의 표정이 밝아졌습니다. 사실 단점을 지적하려고 따로 회의실로 불러서 얘기를 했는데 이렇게 장점부터 인정해 놓고, 보완할 것을 덧붙이는 식으로 대화를 하는 것만으로도 회의실 나갈 때 그 팀원의 표정이 너무 밝고 신이 나서 제가 오히려 놀란 적도 있었습니다. 그냥 말하는 순서만 바꾼 건데 말입니다.

조건 없이 믿는다는 것의 힘: 결과는 믿음을 세팅한 방향으로 움직인다.

그때 중요한 걸 깨달았습니다. 누군가에 대해 지적 또는 조언을 할 때 가장 중요한 건 바로 '믿음 세팅'입니다. 내 믿음의 밑바탕에 어떤 대전제를 깔고 있느냐가 가장 중요하다는 겁니다. 기존에 제가 문제점을 조목조목 파헤치듯 지적을 해 주었을 때, 저는 저도 모르게 '팀장인 나는 잘난 사람, 그리고 너는 못난 사람'이라는 믿음을 바탕으로 그 상황을 세팅했던 것입니다. 저는 도와준다고 그랬던 것인데도 본의 아니게, '넌 못났으니 잘난 나로부터 배워야 한다, 반성해라'라는 식의 공격적인 메시지가 은연중에 깔려서 전달된 것입니다. 공격을 가하니 방어기제가 작동할 수밖에 없었습니다. 동시에 저도 모르게 그 팀원을 저 아래 '수치심'의 구간으로 밀어 넣어 버린 셈입니다. 제 조언의 내용이 옳은 것인지 그른 것인지는 중요하지 않습니다. 팀장만 잘난 체하는 최악의 세팅을 제 스스로 만들었다는 건 명백한 저의 잘못이었습니다.

똑같은 메시지라도 전혀 다른 세팅으로 전달될 수 있습니다. '굴욕 세팅'과 '성장 세팅' 중 어떤 대전제를 깔고 메시지를 전달할지 결정하는 건 온전히 팀장의 몫입니다. 팀원이 성장할 것이라는 대전제를 세팅한 뒤에 비로소 팀장이 말을 시작하면, 팀원은 성장의 관점에서 팀장의 메시지를 받아들입니다. 반대로, 팀원이 뭔가 부족하다는 것을 대전제로 세팅하고 팀장이 말을 하면, 팀원은 수치심 또는 굴욕감의 관점에서 팀장의 메시지를 받아들입니다.

설사 칭찬이 그 안에 포함돼 있더라도 대전제 세팅이 '너는 이게 부족해'라면 칭찬도 제 역할을 하지 못합니다. '너는 이런 이런 거는 참 잘해. 그런데 말이야 저런 저런 거를 해서 되겠니…'라고 말하면 듣는 팀원은 '그런데 말이야'의 뒷부분밖에 안 들립니다. 방어기제만 작동하는 거죠. 반면 대전제를 '너는 원래 훌륭해'로 깔고 시작하면 그 방향으로만 들리게 됩니다. '너는 이런 이런 거를 참 잘해서 좋아. 그래서 저런 저런 것만 살짝 바꾸면 엄청 대박 날 것 같아'라고 말하면 듣는 사람이 매우 기뻐하고 즉각 부족한 점을 개선하게 됩니다.

이건 정말 놀라운 발견이었습니다. 팀원들을 빨리 개선시키고자 하는 욕심 탓에 그동안 팀원의 문제점이 보일 때마다 조목조목 지적하고 못 알아들으면 답답해했던 저의 과거 모습이 정말 부끄럽고 후회가 됐습니다. '어서 개선이 되었으면 좋겠어'라는 진심을 갖고 대하더라도, 그런 식으로 답답해하면서 말을 하면 결과적으로 '나는 잘났고, 너는 못 났다'는 세팅을 전제로 까는 셈이고, 그 상황에서 내뱉은 그 어떤 메시지도 별로 효과가 없었던 것입니다.

팀장이 팀원을 믿고 있다는 증거: 팀원에게 질문을 많이 한다.

직원들이 어차피 성장할 수밖에 없다고 철석같이 믿기로 결심한 뒤 제가 겪은 또 다른 변화는 '지시'보다는 '질문'을 자주 하게 되었다는 것입니다. 저한테 "어떻게 할까요?"라고 물어보면 예전엔 "그건 이렇게 해."라고 말했었지만 '믿음 세팅'을 바꾼 뒤엔 "혹시 본인은 어떻게 하는 게 좋다고 생각하니?"라고 되묻는 식의 대화 빈도가 많아졌습니다. 짧게 지시를 내리면 속전속결이 가능하지만, 그때뿐입니다. 다음 번에도 제가 판단을 해서 또 지시를 내려야 합니다. 반면 질문을 하면서 판단을 직접 해 보게 하면 처음엔 당황해할 수도 있고 해답을 찾는 데 훨씬 많은 시간이 걸립니다. 그런데 그걸 반복하다 보면 점점 주체적으로 능동적으로 판단할 수 있게 됩니다. 나중엔 "제 생각엔 이렇게 하는 게 좋을 것 같은데, 팀장 생각은 어떠세요?"라는 식으로 당당하게 물어보는 게 습관이 됩니다. 스스로를 믿을 수 있게

보스와 리더의 차이 일러스트 (출처: facebook)

된 것입니다.

팀장이 지적을 했는데,
팀원이 팀장을 칭찬해 주는 엄청난 상황

제가 보통 구성안을 고쳐 주면서 자주 지적했던 것이 구성 순서입니다. 구성 순서 약간만 바꿔도 글이 확 좋아지기 때문입니다.

"여기서 이런 식으로 논리를 전개하니까 독자들이 헷갈리잖아. 이렇게 순서를 바꿔야지!"

예전에는 이렇게 지적을 했는데요, 보통 좀 예민한 팀원들은 "아, 네 그렇군요." 하며 고개를 숙이곤 했습니다. 심하면 "아, 죄송해요."라고 스스로를 낮추기도 했습니다. 그런 팀원을 볼 때마다 나는 '아니, 잘못한 일도 아닌데 왜 죄송하다고 그러지? 너무 자존감이 낮은 게 아닌가?'라고 생각하곤 했습니다. 그런데 돌이켜 보면 그런 의기소침한 반응도 순전히 제 탓이었습니다. 제가 팀원의 실력이 부족하다고 생각한 것을 그 팀원이 읽어 냈기 때문입니다. 즉 제가 팀원을 '낮게 세팅'했기 때문에 팀원도 스스로를 '낮게 세팅'하게 된 것이죠.

반면, 제가 의식적으로 '이 팀원은 나중에 엄청 훌륭하게 성장해서 나보다 잘나갈 거야'라고 주문을 외우고 실제로 그렇게 생각하기 시작한 뒤부터는 '이렇게 구성 순서를 바꿔야 한다'라는 똑같은 메시지를 전하더라도 이렇게 했더니 팀원의 반응이 180도 달라졌습니다.

"어떤 의도로 이렇게 쓴 거니? (설명 듣고…) 와, 정말 좋은 의도를 가지고 쓴 글이구나. 나도 그 의도가 참 기발한 것 같아. 그런데 그 의도를 더 잘 전달하려면 여기 이 순서를 살짝 바꿔 주면 더 전달이 잘 되지 않을까?"

그러자 갑자기 그 팀원이 혼자 물개 박수를 치면서 이렇게 나를 칭찬하는 것이었다.

"우와, 대박~! 진짜 그러네요! 그렇게 바꾸니까 훨씬 좋아졌는데요! 역시 대박 잘 고쳐 주시네요! 감사합니다!"

'이걸 고치자'라는 동일한 메시지가 전달되는데도 불구하고 '대전제 세팅'만 바꿔서 생각하면 분위기가 이렇게 달라집니다. 제가 팀원을 믿으면서 팀원의 위치를 '높게 세팅'하면 자연스럽게 분위기도 그쪽으로 흘러가더니 결국 팀원이 껄껄 웃으면서 팀장의 어깨를 툭툭 치면서 칭찬을 해 주는 '가장 높은 위치'에 다다르게 됩니다. 그건 정말 놀라운 체험이었습니다.

제가 스브스뉴스 팀에서 배운 '믿음 기술'을 도식화하면 아래와 같습니다. 대화 내용이 동일해도 아래 두 가지 세팅 중 한 가지를 선택할 수 있습니다. 어떤 세팅이 펼쳐질지는 팀원보다는 팀장의 선택에 달려 있습니다.

〈팀원의 성장을 믿는 리더의 팀 내 대화 분위기〉

1) 팀원이 팀장의 조언을 듣고 기뻐한다.
2) 오히려 팀원이 "오, 팀장님 아이디어 좋네요."라고 팀장을 칭찬한다.
3) 농담도 오가는 등 화기애애한 분위기다.
4) 팀장이 지시보다는 질문을 많이 한다.

〈팀원의 성장을 믿지 않는 보스의 팀 내 대화 분위기〉

1) 팀원이 변명을 하거나 최악의 경우 "죄송합니다."라고 말한다.
2) 팀장도 스트레스를 받으며 힘들어한다.
3) 팀장이 직접 판단해 지시를 하고 팀원은 군소리 없이 따른다.
4) 팀장은 밥을 사 주면서 만회해 보려 하지만 싸해진 분위기는 좀처럼 회복되지 않는다.

조건 없는 신뢰의 열쇠는 '인정'입니다. 일단 팀원이 아무리 잘못했더라도, 뭘 잘해 보려다 그렇게 된 건지 그 의도에 주목해야 합니다. 그 좋은 의도를 인정하면서 대화를 시작하는 게 중요합니다. 그러면 팀장을 싫어하는 팀원과도 친해질 수 있습니다. 그 단계를 깜빡하고 건너뛰고, 부족한 점 또는 개선점부터 말하면 '넌 못났으니 앞으로 나처럼 좀 잘해 봐라'라는 세팅으로 설정될 수도 있으니 조심해야 합니다. 팀장이 팀원의 성장에 대해 확고하게 믿고 있다는 사실을 양자가 너무나 잘 알고 있는 상황일 때, 비로소 이런 '인정 단계'를 자연스럽게 건너뛰고 바로 본론으로 들어가도 상관없습니다. 서로 믿으니까 긴 말이 필요 없게 되는 것이죠.

솔직히 교육학자들이 흔히 하는 "사람은 믿는 만큼 성장한다."는 말을 들었을 때나 '피그말리온 효과'를 책에서 읽어 봤을 때에도 저는 그냥 무덤덤했습니다. 그냥 좋은 말이긴 한데, 현실과 괴리가 있다고 생각했습니다. 하지만 지금은 '믿는 만큼 성장한다'는 말이 얼마나 과학적으로 정확한 명제인지 그리고 그 명제를 실천할 수 있는 리더와 실천할 수 없는 리더 간의 격차가 얼마나 큰지 실감하고 있습니다. 지금 그 조직에서 적응하지 못하거나 부족한 점이 많은 팀원일수록 팀장의 전폭적인 믿음이 필요합니다. 그리고 제가 겪어 본 20대 가운데 그 믿음에 반하는 경우는 한 번도 보지 못했습니다.

'지금 좀 부족해 보이더라도 일단 믿고 보는 것'의 위력을 알게 된 뒤 저는 20대와 일하는 게 너무나 편해졌습니다. 처음에 막 들어와 잔뜩 위축되고 기죽은 팀원을 보면 나는 오히려 기대가 더 갑니다. 언젠가 드라마틱하게 좋아질 거라는 걸 알고 있기 때문입니다.

믿음은 엄청 대단한 것이라기보다는 그냥 테크닉이자 전략이라고 생각합니다. 믿음이란 테크닉은 펜치나 드라이버처럼 적재적소에 써먹어야 한다고 생각합니다. 실제로 써먹어 보니 효과는 놀라웠습니다. 누군가를 철석같이 믿은 뒤 그 사람이 가파르게 성장하는 과정을 지켜보는 건 인생 최고의 즐거움인 것 같습니다.

밀레니얼과 행복하게 일하고 싶은 팀장이 있다면 이 주문을 외워 보는 것 하나면 충분한 것 같습니다.

"이 팀원은 어차피 나중에 잘 된다."

공감 코드 3: 힙한 나눔

나누겠다고 결심했을 뿐인데 내 콘텐츠가 힙해지는 이유

이 챕터를 읽으면 좋은 점

MZ세대를 잘 몰랐던 제가 가졌던 편견 중 하나는 '요즘 애들은 완전 개인주의라 자기밖에 모를 거야'라는 것이었습니다. 그런데 직접 겪어 보니 나눔의 가치에 대해 어느 세대보다도 관심이 많은 세대였습니다. '다 같이 잘 사는 세상'에 대한 작은 관심이 어떻게 스토리텔링과 콘텐츠로 연결될 수 있는지 제가 MZ세대로부터 배운 새로운 시각을 이 챕터에서 풀어 보겠습니다.

돌이켜 보면, 저는 '나눔'이란 가치의 중요성을 잘 모르고 척박하게 살았던 것 같아요. 그냥 연말연시에 자선냄비에 기부 좀 하는 정도였고 그게 제 삶에서 나눔의 전부라고 생각했으니까요.

그런데 스브스뉴스 팀에서 일하다 20대들에게서 비로소 나눔의 진정한 가치를 배웠습니다. 사실 요즘 젊은이들은 다분히 개인주의적일 것으로 예상했습니다. 그런데 그들과 일해 보면서 그들이 나눔이란 가치를 얼마나 소중히 여기고 있다는 것을 알고 나서 내심 많이 놀랐습니다. 스브스뉴스 팀의 밀레니얼 세대들은 하나같이 생활 속에서 그리고 제작 과정에서도 나눔을 실천하고 있었습니다. 그래서 때로는 저보다 훨씬 성숙한 어른으로 느껴지기도 했습니다.

공감하는 콘텐츠, 마음을 잇는 마케팅을 하기 위해서는 밀레니얼 세대가 이 '나눔'이라는 가치를 어떻게 정의하고 있는지 정확히 파악할 필요가 있는 것 같습니다. 기성세대가 생각하는 '나눔'과는 좀 다르기 때문입니다.

밀레니얼이 생각하는 나눔, 그 정의가 180도 다르다.

해마다 연말연시 나눔을 실천하는 기업과 개인의 소식이 전해집니다. 보통 나눔 실천과 관련해서는 세 가지 장면이 자주 보입니다.

장면 1. 기업 또는 독지가가 큰 액수를 불우이웃돕기 행사에 쾌척했다는 류의 소식

장면 2. 복지 센터 정문 앞에 누군가 새벽에 몰래 물품을 기부하고 사라

졌다는 소식이나 혹은 독지가가 거액을 비공개로 기탁했다는 소식

장면 3. 사회적으로 존경받는 명사 또는 연예인이 굶주린 지구촌 이웃을 찾아 그들과 동고동락하다 그들을 돕자고 호소하는 장면

이 세 가지 장면이 전형적인 기성세대의 '나눔' 또는 '기부' 패턴입니다. 기성세대가 생각하는 나눔은 장면 1에서 보듯 모두의 박수를 받는 '모범' 또는 자신의 재력과 도덕성을 동시에 과시하는 '잘난 체'의 양면적 형태로 받아들여집니다. "아이고, 1억을 기탁하셨다고? 거참 좋은 일 하시네."라고 나눔 실천자가 타의 모범이 된다고 추켜세우는가 하면 뒤에서는 "아이고, 올해는 돈 좀 많이 버셨나 봐. 나도 좀 도와주지."라며 나눔 실천을 '잘난 체'로 폄하하기도 합니다. 실제로 몰래 나눔을 실천하는 분들을 취재진이 물어물어 찾아가 보면, 주변에서 나눔을 좋게 보지 않거나 '나도 도와 달라'는 사람들이 찾아오는 통에 스트레스를 받아 몰래 기부했다고 털어놓습니다.

장면 3도 기성세대에게 매우 낯익은 나눔 실천의 장면입니다. KBS 「사랑의 리퀘스트」, SBS 「희망TV24」 등 지상파 방송에서 불쌍한 이웃을 돕자며 방영하는 프로그램에서 자주 볼 수 있습니다. 한 가지 주목할 점은 사회적 명사나 연예인이 불쌍한 사람들이 있는 곳을 찾아가 그들의 어려운 삶을 체험하는 식으로 구성한다는 것입니다. 이런 프로그램에선 대체로 보통 사람들의 평범한 선행에는 관심이 없는 것 같습니다. 뭔가 사회적으로 앞서가는 사람이 낮은 곳으로 직접

그들은 왜 나눔 프로그램을 '빈곤 포르노'라며 경멸하나

임해서 '모범'을 보여 줬으니 평범한 시청자 여러분도 전화기를 들고 기부에 동참하라는 식의 생각이 깔려 있습니다. 아프리카나 오지로 찾아가는 프로그램에선 때로는 헐벗고 굶주린 아이들을 부둥켜안고 연예인들이 울기도 합니다. 그 눈물엔 진심이 담겨 있다고 저는 생각합니다. 중요한 건 밀레니얼 세대는 그걸 완전히 180도 다르게 생각할 수도 있다는 것입니다.

그들은 이런 프로그램을 '빈곤 포르노'라고 부르며 그다지 좋아하지 않습니다. 사실 저는 처음에 '빈곤 포르노'라는 말을 듣고 '어떻게 불쌍한 사람을 돕자는 프로그램에 '포르노'라는 딱지를 붙일 수 있단 말인가'라는 생각을 했습니다. 하지만 그들이 생각하는 '진정한 나눔'에 대해 알게 된 뒤엔 저도 이런 프로그램을 볼 때 불편함을 느끼게 됐습니다. '빈곤 포르노'는 파리가 상처 주위에 붙어있고 배에는 복수가 차서 숨을 헐떡이며 눈도 제대로 못 뜨는 어린 아이들의 모습

폐지 수거 노인을 돕는 스타트업 '끌림'

을 있는 그대로 보여 주는 것은 마치 포르노처럼 지나치게 적나라하다는 관점입니다. 이 장면에서 밀레니얼 세대가 주목하는 건 그 아이의 인격입니다. 아이가 불쌍했으면 불쌍했지 왜 그 아이의 인격마저 대중 앞에서 발가벗겼냐는 것입니다.

그렇다면, 20대들이 박수를 보내는 '올바른 나눔'이란 무엇일까요. 한마디로 표현하자면 '그분들도 행복할 권리가 있어. 나처럼 당당하게 웃었으면 좋겠어'라는 마음에서 나온 선행이라면 그건 밀레니얼 세대 사이 '진정한 나눔'으로 받아들여집니다.

폐지 줍는 노인들을 위해서 리어카를 만들어 주고, 리어카에 유료 광고를 달 수 있도록 도와주는 한 스타트업 기업의 홍보 사진입니다. 폐지 수거 노인이 스타트업 대표와 함께 활짝 웃고 있습니다. 사진 속 할머니는 돈 많고 잘난 사람들의 은혜를 받는 불쌍한 사람이 아니라, 우리 동네의 자원 순환을 책임지고 있는 당당한 주인공으로서 어깨를 펴고 당당하게 서 있습니다.

힘든 분들에게 도움을 드려서 함께 행복하게 웃을 수 있게 만드는 것. 이것이 바로 밀레니얼 세대가 정의하는 '올바른 나눔'입니다. 도움을 주는 이든 도움을 받는 이든 100% 동등하다는 게 핵심입니다. 사진을 보면, 도움을 주는 스타트업 대표와 폐지 수거 할머니는 100% 동급인 협력의 관계라서 매우 동등한 위치에서 카메라를 보며 활짝 웃고 있다는 걸 알 수 있습니다.

제가 스브스뉴스 팀의 밀레니얼 세대 팀원들을 보고 놀란 것은 나눔을 실천하는 이야기에 매우 격하게 반응한다는 것입니다. 또 이렇게 다른 사람의 주머니 사정뿐 아니라 인격까지 배려하는 나눔 실천가들을 보며 '우와 넘 멋지다' '이런 사람 너무 좋아'라면서 상당한 매력을 느낀다는 것도 발견했습니다. 어려운 이웃을 돕는 봉사자들을 보며 '별난 착한 사람' 보는 듯하는 기성세대의 시선을 밀레니얼 세대에서는 전혀 찾아볼 수 없었습니다.

요컨대, 밀레니얼 세대에게 '나눔'이란 곧 '끌림'이자 '매력'이라는 게 기성세대와는 확연히 다른 지점입니다. 더 나아가 밀레니얼 세대가 어느 브랜드를 평가할 때나 '나눔'이라는 가치는 매우 중요한 평가 요소입니다. 요즘 수많은 기업과 브랜드가 '명분 마케팅'이라는 이름으로 사회 공헌에 정성을 쏟는 이유도 이 때문입니다.

저는 '나눔'이라는 밀레니얼 코드가 마케팅뿐 아니라 콘텐츠에도 큰 영향을 끼친다고 생각합니다. 즉 '나눔'이라는 가치를 잘 실천하는 기업 또는 미디어는 콘텐츠가 매우 풍부하고 콘텐츠가 확산될 가능성도 훨씬 크다는 겁니다. '나눔'이라는 말의 범위를 조금만 더 넓게 가져가 봅시다.

콘텐츠가 끊임없이 나오는 코드: 나눔

보통 '나눔'이라고 하면 사회 공헌을 생각하지만 저는 '나눔'이라는 가치가 좀 더 폭넓게 해석되고 쓰였으면 좋겠다고 생각합니다. 기업이 실천해야 할 나눔은 크게 세 가지입니다. 첫째는 경험 나눔, 둘째는 기쁨 나눔, 셋째는 수익 나눔입니다. 자신이 가진 것을 적극적으로 나누는 기업을 많은 이의 사랑을 받습니다.

1) 경험 나눔

저녁에 친구들 또는 직장 동료와 밥 먹고 술 마시면서 우리들은 자신만의 삶의 노하우를 열심히 나눕니다. 좋은 배우자 찾는 방법, 아기 잘 키우는 방법, 골치 아픈 직장 상사 다루는 방법, 건강관리 방법 등등 셀 수 없이 많은 노하우를 늘 공유합니다.

그렇게 밥 먹으면서 일상적으로 공유하는 걸 세상 사람들에게 나눠 주면 안 될까요? 그걸 실천하는 사람들이 요즘 유튜브에 정말 많습니다. 버블디아라는 유명 유튜버는 자신이 연마한 '노래 잘 부르는 방법'에 대한 모든 노하우를 공유합니다. 또 자기 경험을 바탕으로

'연애 노하우'도 아낌없이 공유합니다.

자신만의 레시피를 나누는 요리 유튜버, 예쁜 몸을 만들기 위한 운동 노하우를 나누는 유튜버도 많습니다. 이들이 나누고 있는 건 사실 거대 자본을 들여 치밀한 계획을 세우고 만든 콘텐츠와 달리 단순히 그들의 일상을 열린 마음으로 공유한 것인 경우가 많습니다.

2) 기쁨 나눔

오래 전 얘기인데요, 누구나 부러워하는 대기업에 입사한 한 지인이 있습니다. 그분은 대학 시절부터 이벤트 기획에 재능을 보였는데 입사 뒤 하필이면 재벌 그룹 총수 회장의 생일잔치 기획을 맡았습니다. 그룹 내 모든 계열사 사장단이 모이고 회장과 가족들이 모두 모이는 자리입니다. 그 지인은 '그해 하는 모든 기획 중 가장 중요한 기획이 바로 회장 생일잔치 기획'이라고 말했습니다. 그 기획의 승패 여부는 오로지 회장의 표정에 달려 있습니다. 그 지인은 회장이 사랑하는 역대 강아지의 과거 사진을 줄줄이 보여 주는 비디오를 제작해 회장의 눈물을 간신히 끌어냈다고 털어놨습니다. 그 눈물 한 방울 짜내려고 너무 너무 힘들었다고 했습니다. 그리고 얼마 뒤 그 회사를 나왔습니다.

사업을 해서 돈을 번 사람은 보통 자신의 기쁨을 위해 돈을 씁니다. 성대한 생일잔치를 위해 호텔의 비싼 공간을 빌리고 비싼 술을 주문하고 비싼 공연 팀을 부릅니다. 그렇게 비싸게 노는 것이 가장 기쁘고 즐거운 것으로 알고 있는 것 같습니다. 대부분의 부자들은 그렇게 기쁨을 독식하려고 합니다. 자기 돈으로 자기가 그렇게 기쁨을

배달의 민족 '치믈리에 자격시험'

만끽한다는데 뭐라 할 사람은 없겠죠. 그런데 그 기쁨을 나누면 안 될까요? 그런 기쁨을 느껴 보고 싶은 다른 사람에게 나눠 주면 내 즐거움이 과연 줄어들까요?

기쁨은 나눌수록 커진다는 말에 그 누가 반론을 제기할 수 있을까요? 기쁨은 나눌수록 가치가 커집니다. 국내에서 이 '기쁨 나눔'을 제일 잘하는 기업을 하나 뽑으라면 배달의 민족을 뽑겠습니다. 고객들과 공감할 수 있는 이벤트를 자주 개최하며 기쁨을 줍니다. '치믈리에 콘테스트' '떡볶이 마스터즈'와 같은 자격 인증 이벤트를 열어 고객들과 어울려 놉니다. 굳이 광고비를 많이 쓰지 않아도 그런 이벤트 행사를 열 때마다 참가 고객들의 SNS를 타고 널리 널리 알려져 상당한 홍보 효과를 봅니다.

구미권에서는 모두에게 문을 활짝 연 파티 문화가 발달했습니다.

온갖 페스티벌과 온갖 콘테스트가 끊임없이 열립니다. 나눌수록 기쁨이 커진다는 것에 대해 너무도 잘 알고 있기 때문입니다. 이 세상 절대 진리 중 하나가 혼자 먹는 것보다 나눠 먹을 때 더 행복하다는 것 아닌가요?

3) 수익 나눔

유튜브에서 성담스님이라는 분의 '부자 되는 방법'에 대한 강연을 인상 깊게 본 적이 있습니다. 스님은 부자의 정의를 바꿔야 한다고 주장했습니다. '많이 버는 사람이 아니라 많이 베푸는 사람이 부자'라고 정의하셨어요. 요즘 젊은 세대는 진심을 담아 나눔을 실천하는 개인 또는 기업에 상당한 매력을 느끼고 응원하는 경향이 있습니다. 여기서 중요한 건 '진심'입니다. 그 마음에 반하는 것이지 액수에 반하는 것이 아닙니다. 어느 정도의 매력을 느끼냐 하면, 소개팅에 처음 나갔을 때 마음에 드는 이성을 만나 약간 설레는 정도의 매력을 느끼는 것 같습니다. 제가 스브스뉴스 팀에서 20대들과 회의를 할 때 "우와, 이 기업 진짜 멋있다!"라고 격하게 반응하는 걸 보고 받은 느낌입니다.

기왕 나눔을 하려면 '힙(hip)'하게 해야 주목을 받습니다. 불쌍하니까 도와준다는 식의 전통적인 나눔에 대해 젊은이들은 오히려 경멸합니다. 진정한 나눔은 돈 몇 푼 손에 쥐어 주고 생색내는 게 아니라 사회적 약자의 자존감을 되찾아 주고 그들이 당당하고 떳떳하고 행복하게 웃을 수 있게 해 주는 것이라는 게 요즘 젊은 세대의 생각입니다. 약자와 깊이 공감하면서 아픈 곳을 감싸 주거나, 그 나눔의 방

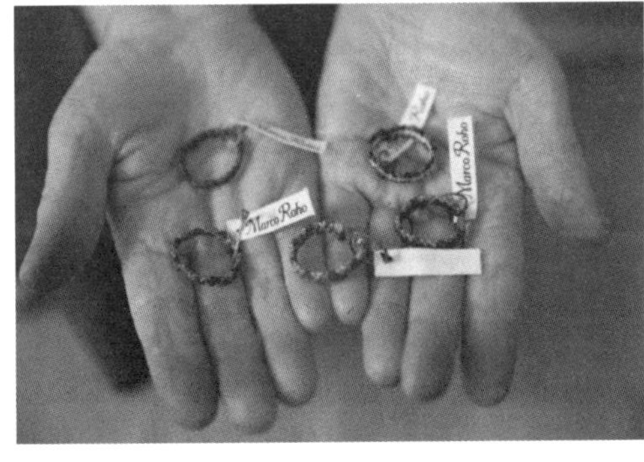

어르신에게 일감 주고 수익 기부하는 사회적 기업 마르코로호

법이 기발하면, 또 나름의 철학이 확고할 경우 그 나눔이 '힙(hip)'하다고 느낍니다. 즉 감성적으로 교류하고 싶을 만큼 매력적이고, 뭔가 앞서가는 듯하다는 느낌을 받습니다. 아이돌을 응원하듯이 힙한 나눔에 응원을 보내게 됩니다.

독거노인에게 찾아가 팔찌 재료를 전달한 뒤 팔찌를 수거해 판 돈으로 다시 독거노인을 돕는 마르코로호, 장애인 등 사회적 약자를 대거 고용하는 사회적 기업이 만드는 전주의 명물 전주비빔빵, 폐차장에서 재료를 주워 멋진 가방을 만드는 친환경 스타트업 모어댄 등 스

당신이 다니는 기업은
얼마나 나눔에 열린 회사입니까?

나눔에 열린 회사 = 줄 게 많은 회사 = 콘텐츠가 많은 회사

'신인류가 열광하는 스토리의 4가지의 공감 코드' 관련 슬라이드

브스뉴스가 소개한 이른바 '힙(hip)한 나눔' 기업들은 20대들 사이 크게 회자됐습니다.

경험 나눔, 기쁨 나눔, 수익 나눔. 이 세 가지 나눔을 중시하는 기업은 고객과 사회로부터 '열린 기업'이라고 인정받습니다. 태도 자체가 바깥으로 열려 있는 기업은 자기만의 노하우를 감추지 않고 어느 정도는 공개하며 후학 양성과 교육에 관심이 많습니다. 세상을 바꾸려는 생각을 갖고 있는 기업은 노하우 공개에도 인색하지 않은 편입니다. 예를 들면, 테슬라는 전기차 관련한 자사 노하우를 오픈 소스로 공개하며 '전기차 시대를 앞당기겠다'는 포부를 밝힌 바 있습니다.

나누는 기업일수록 열린 기업입니다. 직원들 얼굴부터 열려 있습니다. 직원들이 상관 눈치를 보지 않고 소비자와 진심으로 교류하려는 시도를 많이 합니다. 그 교류의 과정에서 다양한 사연과 이야기가

꽃을 피웁니다. 자동으로 콘텐츠가 샘솟듯 나옵니다. 즉 나누려는 태도만 갖추고 그것을 일관되게 가져갔을 때 콘텐츠 걱정을 할 필요가 없게 됩니다. 세상 모든 스토리는 혼자 고립된 채 고심만 한다고 나오지 않습니다. 누군가와 대화를 하고, 마음을 주고받고, 먹을 것도 주고받고, 기쁨도 주고받고, 경험도 주고받으면 그게 다 사연이고 스토리고 콘텐츠입니다. 한 기업의 블로그, SNS, 잡지, 웹진 등에서 나오는 콘텐츠가 사내 직원들에게조차 소비되지 않는다면 이유는 딱 하나입니다. 그 콘텐츠에 영혼이 없기 때문입니다. 특히 젊은 밀레니얼 세대는 '영혼 없는 것'을 보면 정말 싫어합니다.

저는 "기브앤테이크(give and take)는 우주의 법칙이다."라는 말을 믿습니다. 기자 생활을 하며 많은 기업과 사람들을 보아 오면서 '내가 먼저 베푸는 사람'은 반드시 장기적으로 빛을 본다는 생각을 하게 됐습니다. 그런 열린 마음을 갖고 있다면 콘텐츠를 만들든 마케팅을 하든 밀레니얼 세대는 그 어떤 세대보다 아주 빠르게 반응할 것입니다.

〈당신은 경쟁을 택할 것인가? 협력을 택할 것인가?〉

사람은 다른 사람과 어울려 살아야 하고, 다른 사람과의 관계 형태는 크게 두 가지인데, 경쟁 아니면 협력이다. 가족 구성원끼리는 사랑을 바탕으로 한 협력이지만 형제자매와 먹을 것을 갖고 다툴 때는 경쟁이 빚어진다. 대학 수업 때 조 모임을 하는 경우도 옆의 조와는 경쟁이지

만 내 조 모임 안에서는 협력을 해야 한다.

그런데 사람들 가운데서는 인생을 완전히 경쟁 논리로만 사는 사람들이 있다. 그런 사람들은 남들보다 앞서는 데 따른 쾌감도 종종 느끼겠지만, 사실 그보다 더 큰 스트레스를 받으며 살 수밖에 없다. 영원히 이길 수는 없는 법이고, 질 때가 올 텐데 그때 스스로에게 실망하다 급기야 자존감이 떨어지기도 한다.

그렇다면, 경쟁과 협력 가운데 어느 것 위주로 사는 인생이 궁극적으로 나한테 좋을까? 만약 평생 모두를 상대로 영원히 계속 이길 자신이 없다면, 경쟁보다는 협력을 택하는 편이 더 많은 성과를 거둘 수 있을 뿐 아니라 내 자존감을 지키는 데에도 확실히 유리하다. 왜냐하면 이건 내가 수없이 시뮬레이션 해 보고 얻은 결론인데, 경쟁은 절대 협력을 이길 수 없다. 즉 경쟁에 치우쳐 살면 궁극적으로 나에게 불리하다.

혹시 주변에 남을 누르고 경쟁에서 이기려고 발악하는 사람이 있는가? 그 사람이 혹시 나를 누르려고 하고 있는가? 그렇다면 그 사람을 무조건 이길 수 있는 방법이 하나 있다. 내가 그 사람보다 능력이 부족해도 이길 수 있는 방법이다. 바로 협력이다.

나와 경쟁하려는 사람의 주변에는 다른 동료들이 있을 것이다. 그 주변의 모든 사람과 협력 관계를 구축하면 된다. 협력의 틀로 나와 경쟁하

려는 그 사람을 에워싸서 협공하면 된다. 이건 에너지 역학을 생각해 도 지극히 상식적이다. 협력할 줄 모르고 홀로 고립돼서 '만인을 상대로 경쟁하려는 자'는 계속 협력하며 세를 불리는 자를 당해 내기 어렵다. 자, 나를 견제하는 그 사람만 남기고 나머지 모든 직장 동료를 내 편으로 끌어당겼다면, 이미 게임이 끝난 거다. 그 사람은 이미 위축돼 있다. 마음만 먹으면 그 사람을 더 위축시킬 수 있겠지만, 그렇게 할 필요가 없다. 나를 견제하는 그 마지막 사람에게까지 따뜻한 손길을 내밀어서 그 사람마저 협력의 틀 안으로 들여 놔라. 그럼 게임이 끝난다. 이게 모두가 이기는 게임이다.

경쟁은 협력을 이길 수 없다. 다른 조건이 동일할 때 경쟁 대신 협력을 택하는 것이 승리할 가능성을 훨씬 높이는 전략이다. 이건 자연법칙이라고 생각한다. 즉 경쟁하는 상황을 협력하는 상황으로 전환하면 반드시 이득이 된다.

자, 자연의 법칙이 지배하는 원시시대로 돌아가 보자. 원시인이 사슴 한 마리를 사냥하고 있다. 사슴을 잡기 직전, 갑자기 다른 부족 원시인이 나타나 나를 밀친 뒤 사슴을 덮치려 한다. 원시인은 화가 나 다른 부족 원시인의 다리를 붙잡는다. 사슴은 유유히 달아난다. 다 잡은 사슴을 놓친 원시인은 화가 났지만 잠시 숨을 고르고 다른 부족 원시인에게 제안을 한다. "야야, 그러지 말고 내가 여기서 숨어 있을 테니까 네가 저 사슴을 이쪽으로 몰아오는 게 어때? 내가 잡으면 사슴 절반을 너한테 줄게." 사슴은 매우 빨랐지만 두 원시인이 협공하자 간단하게 잡혔다. '어라, 이렇게 잡으니 훨씬 쉽네.'라는 생각이 든 원시인은 다음부터는 여러 원시인을 떼거지로 몰고 와 사냥에 나선다. 30명 정도 모으자 심지어 코끼리 같은 거대한 동물도 잡을 수 있게 됐다. 그러다 산 너머 부족에게서 철이라는 도구를 써서 무기를 만드는 방법을 배워 올 수 있었다. 또 노하우를 서로 나누다 보니 동물을 가둬 놓고 대량으로 키우는 방법도 배울 수 있었다. 혼자선 약한 인간이지만 이렇게 협력하다 이제 지구를 점령하게 됐다.

경쟁은 오직 서로 비교하면서 자극을 받고 실력을 키우기 위한 '배움의 협력' 차원일 때에만 모두에게 도움이 된다. 즉 스포츠나 무술 수련에서 경쟁은 서로 배우며 실력을 키우기 위한 '협력'의 일환이다. 그런데 경기장 밖의 우리 사회의 실상은 어떤가. 긴장의 끈을 놓으면 목이 달아나는 살벌한 무림 세계와 다를 바 없다. 학교 다닐 때부터 친구를 밟고 일어서야 대학을 가는 시스템에서 어떻게든 살아남아야 한다. 그렇게 자라 간신히 대학 가고 직장에 취직한 다음에도 인생을 경쟁 논리로만 살려 한다. 경쟁 관계의 기업을 모함하고 죽이려 안달이다. 사내에서도 권력 다툼으로 서로가 서로를 견제하고 뒷담화로 공격한다. 원시인끼리 서로 싸우다 결국 사슴도 놓치고 몸은 몸대로 다치는 꼴과 뭐가 다른가. 하여간 경쟁은 장기적으로 본인에게 결코 유리하지 않다는 게 중요하다.

공정한 분배 약속만 지켜진다면, 협력은 모든 구성원에게 경쟁보다 많은 걸 가져다준다. 기업들끼리 협력을 너무 노골적으로 하면 시장까지 지배할 수 있는 엄청난 힘을 발휘한다. 그 힘이 너무 강력하기 때문에 마음만 먹으면 시장을 좌지우지할 수 있다고 해서 만든 규칙이 '담합 금지'다. 협력의 힘이 얼마나 대단한지를 역설적으로 보여 주고 있다. 가격 담합과 입찰 담합을 제외하고 법의 테두리 내에서 최대한 협력하는 게 승리 확률을 가장 높이는 길이다. 가격을 올리려고 짜서 소비자를 기망하는 협력은 담합이라 불리는 불법이지만, 서로 부족한 점을 메우기 위해 힘을 모으고 기여도에 따라 공정하게 분배하는 협력은 제휴라고 부르고 완전 합법이다.
사실 인류의 문명 발달은 협력의 역사라고 할 수 있다. 분업을 통한 산업화는 다 협력의 고도화다. 나는 단추를 만들 테니 너는 옷을 만들어서 서로 거래하면서 힘을 모으는 게 자본주의 분업 시스템이다. 반면 전쟁이라는 극단적인 경쟁은 인류를 불행하게 했다.
치열하게 경쟁하는 방송업계에서도 협력의 위력을 가끔 확인할 수 있는 기회가 있다. 초대형 이슈가 벌어지면 카메라 기자들은 '풀 카메라 기자단'을 구성한다. 열 곳을 촬영해야 할 때 각 사가 한 곳씩 맡아서 약속대로 촬영한 뒤 나중에 영상 열 개를 다 모아서 각 사에 송출해 모두 나눠 갖는다. 다른 곳보다 앞서겠다며 카메라 기자 10명을 보내는 대신 이렇게 협력의 틀을 짜고 카메라 기자 1명만 보내도 얻는 결과물은 똑같다. 협력으로 비용을 10분의 1로 줄인 것이다.
'현존하는 최고의 협력의 달인'은 구글이다. 구글의 사업 모델을 단 한마디로 규정하자면, 세상 사람들이 필요한 툴(프로그램)을 공급하고 그 툴을 통해 모은 데이터(영상, 글자, 접속 기록 등)를 가공해 모두가 나눠 쓸 수 있게 다시 공급한다. 즉 세상의 모든 웹 페이지와 세상 모든 사람들의 경험(검색 경험, 영상 경험, 사진 경험 등)을 한데 데이터로 모아 놓은 뒤 알고리즘 기술로 잘 가공해 배분하는 극강의 협력 모델을 AI로 자동화한 시스템이다. 영상을 올릴 수 있는 가상공간을 모두에게 나눠 준 뒤 서로 공유해서 볼 수 있게 해 주는 유튜브도 대표적인 '영상 협력 툴'이라 할 수 있다. 협력의 달인은 협력의 가이드라인인 '표준'의 위력을 알고 그 '표준'을 지배하며 세상을 점령하고 있다. 구글에게 '구글신'이란 별명이 붙는 이유다.
다시 개인으로 돌아와 보자. 당신은 협력을 하면 분명 이득인 상황인데도 불구하고 자존심 때문에 또는 조금이라도 더 차지하기 위해 불필요한 경쟁을 하고 있지는 않은가? 경쟁 대신 협력을 하면 내가 잘 못하는 걸 남이 알아서 잘 해 준다. 물론 남이 못하는 걸 나도 해 줘야 한다. '기브앤테이크(GIVE AND TAKE)'는 우주의 법칙이니까. 그렇게 협력을 하다 보면 처음엔 서투르고 좀 다투기도 하겠지만, 결국 파이를 혼자가 아닌 함께 키워서 공정하게 나눠 먹는 노하우를 익히게 된다. 이게 바로 협력의 노하우이고, 그게 이 시대에 진정 중요한 실력이다.

협력을 열심히 할 때 주어지는 또 다른 선물은 나를 둘러싼 사람들과의 '관계'가 좋아지는 것이다. 하버드대학교에서 70년 연구해서 인간을 행복하게 하는 가장 중요한 변수라고 한 그 '관계' 말이다.

남을 누르고 나 혼자 더 많이 먹기 위해 경쟁한다면 궁극적으로는 견제를 당해 뭐라도 반드시 잃게 되는 것이 자연의 이치라고 생각한다. 그리고 당장 내가 많이 못 먹더라도 힘을 합쳐서 파이를 키운 뒤 나눠 먹기로 결심했다면 궁극적으로는 더 많이 얻는 것도 자연의 이치다. 야생에서 사슴 사냥하던 시절부터 한 번도 변해 본 적 없는 자연의 법칙이다. 그래서 경쟁은 절대 협력을 이길 수 없다.

공감 코드 4: 행동하는 양심

행동하지 않는 양심은 양심이 아니다

이 챕터를 읽으면 좋은 점

당신은 왜 스토리텔링을 하나요? 그 스토리텔링의 최종 목적지가 어디인가요? 만약 조회수가 최종 목적이라면 이 챕터는 보지 않으셔도 좋습니다. 하지만 만약 나의 작은 스토리가 울림을 일으켜 세상을 조금이라도 바꾸길 기원하신다면, MZ세대의 행동을 위한 스토리텔링과 연대 방식을 이해하는 게 큰 도움이 됩니다. 스토리텔링의 최종 지향점이 '변화를 일으키는 행동'으로 조준점이 맞춰지면 어떤 일이 일어나는지 함께 보시죠.

최순실 국정 농단 사건으로 전 국민의 분노가 들끓어 생겨난 촛불시위. 이때 페이스북 상에서 시위 참여를 독려하며 자주 보였던 표현이 있습니다. 바로 "행동하지 않는 양심은 양심이 아니다."라는 말입니다. 사실 이 말은 밀레니얼의 사고방식과 행동 방식을 그대로 반영한 말이기도 합니다.

'행동하는 양심'의 두 단어 중 굳이 더 중요한 단어를 꼽으라면 '행동'입니다. 누구나 '양심'을 갖는 것은 비교적 쉬운 일이지만, '양심에 따라 행동'하는 것은 쉽지 않기 때문입니다. 용기를 내야만 합니다. 그래서 '양심'보다는 '행동'이 더 귀하고 의미 있다고 밀레니얼은 받아들이는 것 같습니다. 즉 '그냥 양심'보다는 '행동하는 양심'만이 밀레니얼 세대로부터 인정받을 수 있습니다. 그래야만 '레알'이기 때문입니다.

'양심'에 대해서는 기성세대와 밀레니얼 세대의 정의가 각각 다릅니다. 기성세대가 정의하는 양심의 판단 잣대는 '전체에 도움이 되는지'의 여부입니다. 전체를 위한 개인의 희생이 고귀하다는 가치가 팽배했던 시절을 살았기에 기성세대는 어릴 때부터 전체를 위해 내가 참는 게 '선(善)'이라고 배웠습니다. 오히려 행동하지 않고 참는 게 양심 있는 행동, 옳은 행동이라고 인정받는 경우도 있었습니다.

지난 해 문단 내 성폭력을 고발하는 미투 운동의 전면에 나선 최영미 시인. 그는 2018년 11월 SBS가 개최한 글로벌 포럼인 「SBS D 포럼」에서 자신이 학창 시절 겪었던 일화를 힘겹게 고백했습니다. 최영미 시인은 민주화 운동을 하다 동지라고 믿었던 한 남자로부터 성추행을 당했습니다. 고민하다 한 선배 언니에게 그 사실을 털어놨는데, 그때 그 언니는 이렇게 말했다고 합니다.

"(민주화) 운동을 계속하려면 이보다 더한 일도 참아야 돼."

2018 「SBS D 포럼」의 연사로 나선 최영미 시인

기성세대에게 익숙한 말은 "그냥 네가 참아."입니다. 선생님으로부터 부당한 대우를 받았다고 얘기하면 친구들이 어깨를 툭툭 치며 해 주던 말입니다. 괜히 행동에 옮겼다가 피해를 입을 것을 걱정해서 해 준 말이었습니다. 물론 학생 한 명이 반항하면 반 전체가 기합을 받을까 봐 걱정해서 하는 말이기도 했습니다. 직장 상사에게 부당한 일을 당해도 당시 신입 사원이던 기성세대는 참아야 했습니다. 그래야 시끄러워지지 않으니까, 그래야 민폐를 안 끼치니까, 그래야 모두가 평화로우니까 참았던 겁니다.

기성세대에게 사회적으로 '행동'이 허락되는 순간은 오직 '전체의 이득'에 도움이 될 때였습니다. 나뿐만 아니라 피해자가 너무 많아 이슈로 떠올랐을 때 비로소 나도 전체를 위해 그제야 행동에 옮길 수 있었고, 그때에만 그 행동은 사회적으로 정당화됐습니다. 모두 싫어

세대차이-행동

기성세대	20대
전체에 도움이 되는 행동인가? "그냥 내가 참지 뭐."	옳다고 믿으면 나 혼자라도 일단 행동. "절대 참지 마세요."

'신인류가 열광하는 스토리의 4가지 공감 코드' 관련 슬라이드

하는데도 불구하고 홀로 자기가 옳다고 행동하는 사람은 그 주장이 맞든 틀리든 일단 이기적인 사회 부적응자로 낙인 찍혀 '왕따' 당하기 십상이었습니다.

반면 밀레니얼 세대에게는 '그냥 네가 참아'란 말이 상당히 생뚱맞은, 혹은 황당할 수도 있는 말입니다. 그들에게 익숙한 말은 정반대로 '절대 참지 마세요'입니다. 선생님으로부터 부당한 대우를 당했다고 친구에게 고백하면 본인이 "나 그냥 참을래."라고 말하더라도 친구가 갑자기 눈을 부릅뜨고 "그게 말이 돼? 네가 왜 참아? 절대 참지 마!"라고 오히려 흥분합니다. 용기를 내 행동하라는 것입니다. 밀레니얼 세대에게는 그것이 진정한 양심입니다. 같은 반의 50명 중에 49명이 동의하지 않거나 원치 않더라도 피해를 입은 한 명은 선생님에게 반드시 할 말을 해야 합니다. 나머지 49명도 양심이 있다면 그 한

스브스뉴스 '용화여고 창문에 미투 붙은 이유' (2018. 4 채희선 기자, 김서희 피디)

명을 탓하지 않고 지지해 줘야 합니다. 단 한 명의 개인을 위해 전체가 어느 정도의 불편과 수고는 감수할 수 있는 것, 그것이 밀레니얼 세대에겐 바로 양심입니다.

게다가 밀레니얼 세대는 '스마트'합니다. 피해자 혼자 총대를 메고 할 말 다 했다가 혼자 '찍혀서' 다치게 내버려 두지 않습니다. 그래서 다 함께 연대해서 저항합니다. 선생님 모르게 수업 시간에도 자기들끼리 단톡방에서 작전 회의를 벌입니다. 그리고 피해자를 뒤에 놓고 보호하며 함께 진영을 짠 뒤 과감하게 행동에 옮겨 교장실에 떼로 찾아갑니다.

2018년 4월 서울 용화여고에서는 교사들의 상습 성추행에 저항하는 학생들이 함께 학교 창문에 포스트잇으로 '미투(ME TOO), 위드유(WITH YOU)' 등 구호를 붙였습니다. 피해 학생들이 학교 측에 문제 해결을 요청했지만 묵살당하자 단체 행동에 나선 것입니다. 스브스뉴스와 인터뷰한 한 학생은 “우리는 당했지만 후배들에게는 이런 일이 없었으면 좋겠다.”고 인터뷰했습니다. 자신에게 당장 득 될 게 없더라도 진심으로 피해자와 타인을 위해 ‘행동’하는 마음, 그게 바로 양심이기 때문입니다.

‘행동하는 양심’이란 가치를 실천하는 콘텐츠는 팬들이 확산시킨다.

닷페이스라는 뉴미디어 브랜드가 있습니다. 20대들이 만든 미디어 스타트업으로서 기성 언론 못지않은 영향력을 보여 주는 유력 매체입니다. 성폭력 예방, 성범죄 근절 등을 일회성 보도만 하고 마는 기성 언론과 달리 닷페이스 제작진은 이 문제를 제대로 해결해 보기 위

해 '액션'에 옮기며 캠페인을 벌였습니다. 성매매 소굴로 직접 들어가 남성들과 인터뷰를 하기도 하고, 십대여성인권센터를 돕기 위한 굿즈 판매로 2천만 원 이상을 모금하기도 했습니다.

닷페이스에는 골수팬들이 적지 않습니다. 늘 일회성 보도에 그치고 시청자 또는 독자의 관심사만 쫓아다니는 기성 언론사에선 찾아볼 수 있는 진정성과 양심이 느껴져서입니다. 그 양심은 기립 박수를 받기에 충분합니다. 사회운동 단체 뒤에 후원자가 있듯, 닷페이스도 '닷페피플'이란 이름의 팬들이 매달 후원금을 보냅니다. 후원하는 팬들에게는 상영회에 가장 먼저 초대하고, 별도의 뉴스 레터를 보내며 긴밀하게 교류합니다. 스브스뉴스 팀원들 중에서도 닷페이스 팬들이 있었고, 한번은 닷페이스의 활약상을 소개하는 영상을 제작하기도 했습니다.

함께 바꾸는 세상 – 스브스캠페인

'행동하는 양심'은 스브스뉴스의 주요 콘텐츠 주제이기도 했습니다. 2017년 여름 휴가철을 맞아 동물 보호 단체 '케어'와 함께 '유기견 예방 캠페인'을 벌였습니다. 스폰서도 찾았습니다. '지니펫'이란 반려동물 영양제를 출시한 정관장이 제작비와 크라우드 펀딩의 리워드(기부자에게 주는 선물)를 무상 제공했습니다. 매년 휴가철 반복되는 유기견 문제에 대해 제대로 생각해 보는 기회를 만들어 보자는 취지로 홍

스브스뉴스 '저를 뽑고 버리실 건가요?' (2017. 9 김대석, 조문찬, 김유진 피디)

대 앞 거리에 특수 제작된 뽑기 인형 기계를 세웠습니다.

귀여운 강아지 인형을 뽑기 위해 사람들이 뽑기 기계 앞에 섰습니다. 제작진이 맞춰 둔 뽑기 성공률은 100%. 뽑힌 인형을 품에 안고 사람들은 뛸 듯이 기뻐합니다. 그런데 곧 기계 안에 설치된 모니터에

한 마리의 유기견 모습이 나타납니다. 뽑은 강아지 인형과 비슷하게 생긴 실제 유기견입니다. 주인이 차창 밖으로 버려 온몸이 크게 다친 이 유기견의 구슬픈 눈빛을 보면서 인형을 뽑은 뒤 모니터를 보는 사람들의 표정은 잔뜩 무거워집니다. 이윽고 메시지가 나타납니다.

> "반려동물은 사고 싶을 때 사고, 버리고 싶을 때 버리는 인형이 아닙니다. 가족입니다."

스브스뉴스 유기견 예방 캠페인 '저를 뽑고 버리실 건가요?'의 영상과 카드뉴스는 페이스북에서 2~3백만 명에게 도달했고, 유튜브에서도 4백만 명 이상이 시청하며 큰 반향을 일으켰습니다. 유기견의 치료비 마련을 위한 크라우드 펀딩엔 1천만 원 넘게 모금됐습니다. 이뿐 아니라 유기견 캠페인을 위해 무슨 일이든 돕고 싶다는 대학생들의 메시지가 답지했고, 대한수의사협회에서는 또 다른 유기견 캠페인 진행 시 적극 협력하고 싶다고 의사를 전해 왔습니다.

2018년 7월, 스브스뉴스 팀은 언론사 가운데 최초로 〈디지털 성범죄 OUT〉 이모티콘을 제작해 배포했습니다. 카카오톡 단체 채팅 방에서 몰카 영상 또는 사진이 유포되는 범죄가 일상적으로 일어나고 있다는 문제의식에서 비롯된 캠페인이었습니다. 프로필에 불법 영상을 올리지 말자는 메시지를 전하기 좋은 프로필콘을 올리도록 했습니다. 이와 함께 디지털 성범죄 근절을 위한 이모티콘도 만들었습니다. 몰카 영상 등을 유포하는 디지털 성범죄에 대한 처벌을 강화하기

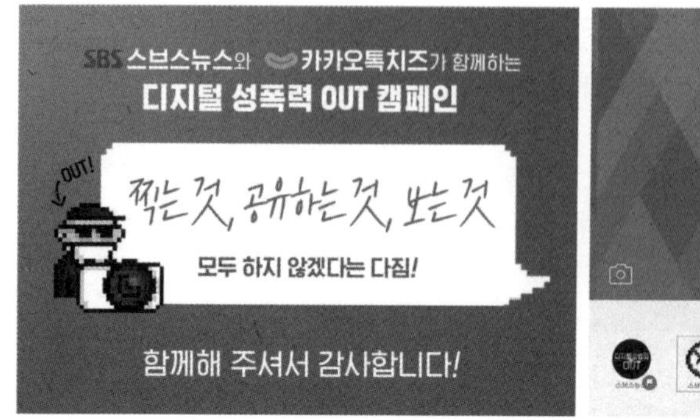

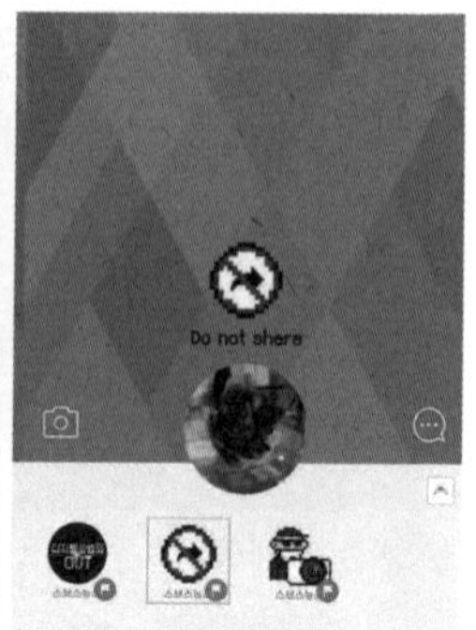

스브스뉴스 X 카카오 디지털 성폭력 예방 프로필콘 캠페인 (채희선 기자, 김태화 디자인 디렉터 등)

위한 서명 운동을 벌여 1만 명 넘는 참가자들의 서명을 받은 뒤 국회와 법원에 제출하기도 했습니다.

'행동하는 양심'을 주제로 만든 캠페인은 스브스뉴스의 큰 자랑거리였습니다. 그리고 그 캠페인은 단 한 번도 위에서 제가 먼저 하자고 지시해서 시작한 적이 없습니다. 저는 아직도 팀원들이 "데릭~ 바쁘세요?"라며 불쑥 제 곁으로 와서는 "이거 캠페인으로 해 보고 싶어요."라고 했던 그 순간이 기억납니다. 그때 그 피디 또는 인턴의 눈망울에 엿보였던 작고 순수한 에너지가 나중에 얼마나 큰 빛을 발산했는지 그 과정을 지켜보는 과정은 항상 즐겁고 때론 감동적이었습니다.

우린 항상 거창한 마스터플랜을 세우고 대단한 캠페인을 벌인 적이 없습니다. 그냥 하고 싶어서 한번 해 봤고, 처음엔 별 반응이 없었고, 그래도 그냥 계속했고, 그런데 도와주는 팬들이 나타났고, 마음이 모이면서 캠페인에 힘이 실렸고, 그러다 끝내 실질적인 변화를 만들어 내기도 했습니다. 돌이켜 보면 시작은 아주 작은 양심이었습니다. 그리고 그냥 '뭐라도 해 보자'며 무작정 작은 행동으로 옮긴 것이 쌓이더니 결국은 아주 조금일지도 모르지만 세상을 바꾼 것입니다.

세상을 바꾸는 행동의 중심엔 강자가 아니라 '약자'가 있다.

밀레니얼 세대는 뭉치는 방식이 기성세대와 완전히 다릅니다. 기성세대가 민주화 운동을 하던 시절 그들은 '조직'을 중심으로 뭉쳤습니다. 반면 밀레니얼 세대는 '연대'라는 형태로 뭉칩니다. 조직에는 상하 체계가 있는 반면, 연대는 모두가 평등합니다. 자발적으로 모여 함께 민주적으로 의사 결정을 합니다.

연대는 아무래도 평소 친분도 없이 연고도 없이 뭉친 것인 만큼 조직보다는 일사불란하지 않고 내부 갈등 여지도 큽니다. 하지만 밀레니얼 세대는 '발 빠른 조직'보다는 차라리 '느린 연대'를 선호합니다. 그 안에는 위아래도 없고, 선후배도 없습니다. 연대의 목적이 끝나면 각자 뿔뿔이 흩어지고, 굳이 서로 다시 볼 필요는 없습니다.

밀레니얼 세대의 뛰어난 '연대' 능력은 2016년 이화여대에서 일어난 학내 미래라이프대학 설립 반대 운동에서 찾아볼 수 있습니다. 처음엔 일부 학생들이 반대하며 시작된 학내 이슈였지만, 학교가 시위에 참여한 학생들을 외부 세력으로 규정하고 경찰을 투입시켜 연행하자 다른 학생들이 공분하면서 졸업생과 재학생을 모두 규합한 대규모 연대로 커진 사건입니다. 머리채를 잡혀 경찰에 끌려가는 동료 학생들을 보고 모두들 행동에 나선 겁니다.

신기하게도, 주최 측도 없이 재학생과 졸업생이 자발적으로 모였

스브스뉴스 '이대생이 쏘아 올린 작은 공' (2016. 8. 4 이은재 피디)

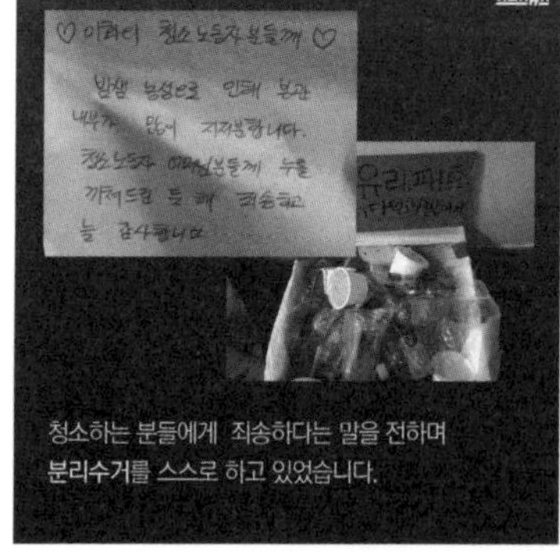

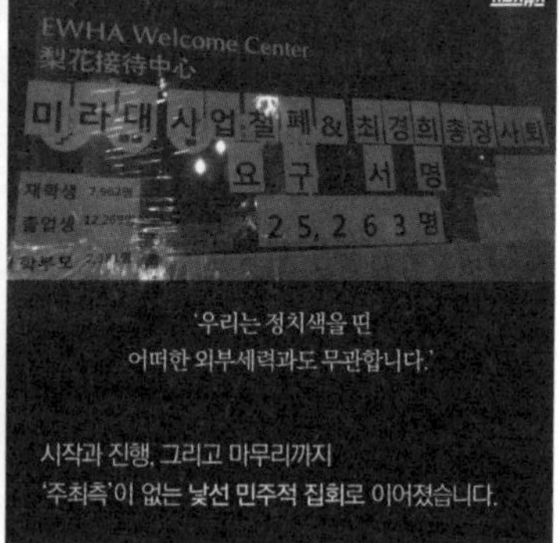

습니다. 한밤중 휴대폰을 높이 들고 서로가 서로를 보며 천천히 일사불란하게 행진했습니다. 학생들은 모여서 운동 가요가 아닌 걸 그룹 소녀시대의 노래를 불렀습니다. 과격하지도 처절하지도 않았습니다. 다른 사람에 대한 배려도 돋보였다. 도서관 근처에선 소리를 죽였고, 시위를 하고 지나간 자리는 깨끗하게 청소가 돼 있었습니다. 예전의 학생운동처럼 조직적이지는 않았지만 질서 정연했습니다. 모든 것이 느렸지만, 이대생들은 학교 측의 미래라이프대학 설립 계획을 철회시켰고, 추후 정유라 특혜 사건이 불거진 뒤엔 총장을 사임시키는 등 그 어떤 학생운동보다도 큰 성과를 거뒀습니다. 스브스뉴스는 자발적이고도 평등한 '연대'를 토대로 한 이대생들의 '느린 민주주의'를 있는 그대로 묘사한 카드뉴스를 제작했습니다. 이 카드뉴스는 큰 공감을 일으키며 페이스북에서만 백만 명 이상에게 도달했습니다.

오직 피해자 한 사람을 위해 연대하고 저항하는 세대

밀레니얼 세대의 민주주의가 기성세대의 민주주의와 다른 이유는 뭘까요? 기성세대는 민주화를 위해 총학생회라는 서열화된 조직을 중심으로 뭉쳤습니다. 강력한 정권에 대항하기 위해 필사적으로 뭉쳐서 조직을 정비해야 했습니다. 그러다 보니 학생운동 내부의 조직 안에서도 세력화, 권력화 움직임이 나타났고, 당시 학생운동 조직 내

권력의 정점에 섰던 인물들 중 상당수가 현재 국회의원이 되어 여전히 권력을 누리고 있습니다.

반면 밀레니얼 세대는 내부든 외부든 지나치게 권력화되는 것을 싫어합니다. 이들은 〈대한민국의 모든 권력은 국민으로부터 나온다〉라는 헌법 1조 1항을 매우 당연하게 받아들이고 있습니다. 그래서 노동조합장, 학생회장, 행동대장을 중심으로 모이기보다는 한 사람의 피해자를 중심으로 모입니다. 바로 그 피해자 단 한 사람의 억울함이야말로 그들이 연대해서 저항하는 이유이기 때문입니다. 피해자의 의사 또는 피해 유족의 의사가 그 연대의 회장 의사보다 훨씬 중요할 수밖에 없습니다. 강남역 화장실에서 여성 피해자가 발생하자 분노한 이들이 거리로 모였고, 노동자 김용균 씨의 죽음에 슬퍼하는 이들이 행동에 나서는 등 최근 일어난 대부분의 '시민 행동'의 시발점엔 바로 '피해자' 또는 '약자'가 있었습니다.

밀레니얼 세대의 민주주의에 대한 다양한 평가가 가능하겠지만, 다만 분명한 것 하나는 밀레니얼 세대가 보여 주고 있는 '피해자 1명을 지켜 내기 위한 연대'라는 민주주의의 형태는 대한민국 근현대사에서 나온 그 어떤 민의의 표출 형태보다도 가장 헌법 1조의 정신을 잘 구현하고 있다고 저는 생각합니다.

부록

평소 영상으로 기록하는 습관 들이기 – 영상 문법에 눈뜨는 방법

영상 촬영을 태어나서 처음 해 보는 사람은 어떻게 찍을까요? 보통은 일단 레코드 버튼을 누른 뒤 카메라를 위아래 좌우로 슬슬 움직이면서 찍습니다. 녹화하면서 가만히 있기엔 뭔가 어색하기 때문인데요, 녹화된 장면을 다시 보면 어색하기 그지없죠. 글도 문법이 있듯이 영상에도 영상 문법이라는 게 있습니다. 영화나 드라마를 보면 '왜 이 장면 뒤에 하필 저 장면을 붙였을까'라고 고민해 본 적 있나요? 영상 편집 과정에서 두 장면을 붙였는데 영 어색하다면 영상 문법대로 붙이지 않았기 때문입니다. 영상 문법을 배우기 위해 컷(CUT: 다른 장면으로 확 바꾸기), 디졸브(DISSOLVE: 서서히 스며들기), 틸트(TILT: 위아래로 움직이기), 달리(DOLLY: 앞뒤로 슬슬 움직이기), 팬(PAN: 옆으로 슬슬 움직이기), 줌(렌즈로 줌인 또는 줌아웃 하기) 등과 클로즈업

샷(CLOSEUP SHOT: 얼굴이나 손 등 일부분을 크게 확대해서 찍은 샷), 풀샷(FULL SHOT: 전신이 나오는 샷), 바스트샷(BUST SHOT: 머리부터 가슴까지 나오게 찍은 샷), 니샷(KNEE SHOT: 머리부터 무릎까지 나오는 샷) 등을 배웁니다. 이런 게 궁금하면 카메라 촬영 기법 관련 책을 보시면 됩니다. 그런데 외울 게 너무 많고 어렵다고요?

저는 스브스뉴스 팀에 있을 때 영상 문법에 대해서 하나도 모르는 대학생을 가르칠 때 카메라 촬영 관련 용어를 가르치기에 앞서 근본적인 영상 구성의 기본 원리를 가르칩니다. 이 원리를 알게 되면 영상 촬영 및 편집이 매우 쉬워집니다. 왜냐하면 여러분은 평생에 걸쳐 그 영상 문법을 이미 학습해 왔기 때문입니다. 그 원리를 지금부터 알려 드리겠습니다.

영상 문법이라는 걸 딱 한 문장으로 설명하면 뭘까요? 누군가 그 영상을 볼 때 몰입되게 하는 겁니다. 몰입되려면 어떻게 해야 하나요? 그 영상 속 상황을 실제로 내가 겪은 것처럼 느끼게 하면 됩니다. 그럼 어떻게 하면 영상에 마치 내가 실제로 겪은 것처럼 몰입되게 할 수 있을까요? 바로 인간이 세상을 보는 방식대로 보여 주면 됩니다. 인간이 세상을 보는 방식이 뭔가요? 그것은 바로 의식의 흐름입니다.

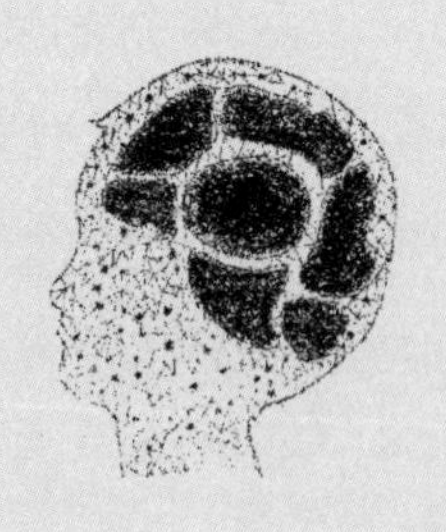
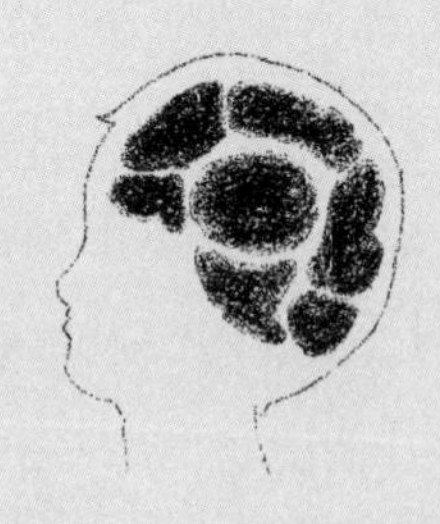

그러면, 지금부터 인간의 의식 흐름이 어떻게 작동하는지 알아보겠습니다. 여러분은 그 흐름의 원리를 사실 이미 알고 있습니다. 여러분의 의식이니까요. 여러분이 사무실에서 컴퓨터를 할 때 여러분 의식은 어디 있나요? 컴퓨터 화면에 있죠! 그런데 여러분의 뒤에 앉은 동료가 갑자기 과자 봉지를 뜯는 소리를 냅니다. 안 그래도 배가 고팠던 여러분의 의식은 어디로 갈까요? 고개를 돌려 그 과자 봉지를 보겠죠. 그 순간 컴퓨터 화면에 있던 내 의식이 과자 봉지로 이동을 합니다. 중요한 건 순간 이동을 한다는 겁니다. 여러분은 그 과자가 내가 좋아하는 그 감자칩이 맞는지 매우 궁금하기 때문에 눈이 순식간에 180도 돌아가서 그 과자를 쳐다봤을 겁니다. 여기서 중요한 건 내 눈이 180도 획 하고 돌아가는 동안 그 중간에 벌어진 장면은 내 눈에 안 보이는 경우가 많습니다. 내 눈동자는 분명 내 옆자리 사람을 거쳐 내 뒷사람의 손에 든 과자 봉지로 향했는데 내 옆 사람이 지금 어떤 표정인지 뭘 하고 있는지에 대해선 관심이 없기 때문에 보지 않은 거죠. 맞습니다. 인간의 의식은 원래 이렇게 공간을 하나하나 다 훑어가면서 이동하지 않고 획획 하고 내가 관심 있는 대상으로 순간 이동을 합니다. 영상 문법에선 이런 의식의 순간 이동을 바로 컷(CUT)이라고 부릅니다. 칼로 자르듯이 두 장면을 붙였다고 해서 컷이라고 부릅니다.

위 장면을 1인칭 영화처럼 찍는다면, 이렇게 컷으로 구성할 겁니다.

컴퓨터 화면 속 내용 → (갑자기 부스럭거리는 과자 봉지 소리) → 과자 봉지

그런데 우리가 이 장면을 꿈에서 보게 되면, 마치 신이 공간을 순간 이동하면서 보듯이 확확 이동하면서 봅니다.

회사 전경(음, 회사 사옥이구나) → 자리에 앉아 있는 내 모습 → 내가 보고 있는 컴퓨터 화면 속 내용 → (부스럭 거리는 과자 봉지 소리) → '뭐야 이 소리는?'이란 생각의 내 표정 → 뒷사람의 그 과자 봉지 → 고개를 돌려 보고 있는 그 과자를 뚫어지게 쳐다보는 내 모습

위의 장면 장면은 모두 컷으로 움직입니다. 의식이 순간 이동하기 때문입니다. 그래서 꿈에서 우리가 세상을 보는 문법 그대로 영상을 구성하면 우리는 몰입하게 됩니다. 왜냐하면 꿈에서도 그 장면을 실제로 겪은 것처럼 몰입을 했기 때문에 그 방식대로만 보여 주면 실제인 것으로 착각하게 되거든요. 이게 영화 문법의 기본 원리입니다. 그러니까 우리는 꿈에서 마치 신이 된 것처럼 전지적 작가 시점을 경험하고 상황에 몰입하거든요. 그 꿈의 전지적 작가 시점대로 영상을 붙이면 마치 내가 신이 돼서 그 현상을 관찰하는 것처럼 느낍니다.

그러니까 당신은 이미 꿈에서 장면 구성을 연습해 봤기 때문에 영상 촬영 및 편집 시 당신의 의식 흐름대로 붙이기만 하면 됩니다. 인간의 의식이 어떤 순서로 흐르는지 아시나요? 그 상황에 처한 당신

이 궁금한 순서대로 흐릅니다. 그래서 영상 문법의 결론은 한마디로 '마음껏 순간 이동이 가능한 신이 되어 그 세상에서 궁금한 순서대로 순간 이동을 해 가면서 보는 것'이라고 할 수 있습니다. 제가 보통 이 내용을 직접 촬영을 해서 보여 주면서 강연을 하는데 이렇게 책으로 전달을 한다고 해 봤는데 잘됐나 모르겠습니다. 하여간 여러분은 꿈을 꿔 봤기 때문에 이미 영상의 달인입니다. 꿈에서 본 그대로 영상을 찍고, 편집해 보세요. 세상 그 어떤 유명 감독보다 멋진 장면을 당신은 만들어 낼 수 있습니다.

스토리의 힘을 믿는 사람들, 스브스뉴스와의 인연에 감사하며…

스브스뉴스에 5년 가까이 몸담으면서 가장 기억에 남는 장면은 회식하다 참석자의 절반 가까이가 울었던 2015년 여름입니다. 스브스뉴스의 첫발을 내딛게 한 주역인 첫 번째 인턴 1기 11명이 6개월간 일정을 마치고 해산하는 날이었죠. 약간 취기가 돌았을 즈음 한 인턴 학생이 "우리 잊어버리실 거잖아요."라면서 갑자기 눈물을 뚝뚝 흘리자 이내 옆의 다른 인턴들도 함께 울기 시작했습니다. 스브스뉴스와 헤어지는 게 '애인이랑 헤어질 때 기분'이라고 아쉬워하는 친구도 있었죠. 지금도 제가 그 1기 인턴 학생들에게 참 고마워하는 이유는 그들이 스브스뉴스의 기반을 닦았을 뿐 아니라 제게 밀레니얼 세대의 잠재력에 대해 눈 뜨게 해 줬기 때문입니다. 단 6개월 간 그들이 보여 준 성장 속도는 정말 입이 다물어지지 않을 만큼 폭발적이었거

2015년 가을, SBS 사내 사진 공모전 출품, 대상 수상 사진

든요.

스브스뉴스라는 브랜드를 최초로 창안해 저와 같이 시작해 보자고 제안한 건 SBS 보도본부 뉴미디어부의 제 옆자리 권영인 선배였습니다. 권 선배가 처음 이 프로젝트를 시작할 때만 해도 우리는 SBS TV에 방영된 교양, 예능, 드라마 가운데 재미있는 장면만 캡처해 텍스트를 보충하는 형태의 아주 간단한 카드뉴스만 제작할 생각이었습니

다. 20대 초반 어린 학생들에게 사회 이슈를 취재시키는 것은 무리라고 생각했죠.

그런데 그런 간단한 카드뉴스만 만들던 인턴들이 사회 이슈도 다뤄 보고 싶어 하는 것 같아 한번 시켜 보기로 했습니다. 평생 처음 취재하고 기사를 써 보는 학생들은 좌충우돌이었습니다. 글쓰기가 맘대로 되지 않아 한두 문장 밖에 못 쓰다가 혼자 책상에 쓰러져 절망하고 있는 인턴도 있었고, 철학 책처럼 너무 추상적으로 써서 처음부터 다시 제가 써 줘야 했던 인턴도 있었습니다. 그림과 글이 따로 놀아서 역시 처음부터 다시 그림을 붙여 줘야 했던 경우도 있었죠. 때로는 전화 취재를 시켰는데 당연히 물어봐야 할 것을 물어보지 않아 제 지시로 세 번 네 번 다시 전화하는 경우도 부지기수였습니다.

시행착오가 많다 보니 제작 시간이 오래 걸렸습니다. 그 친구들도 힘들었겠지만 저도 참 힘들었습니다. 인턴 학생 여러 명을 상대로 완전 기초부터 가르치면서 동시에 카드뉴스를 만들다 보면 하루가 훌쩍 지나갔고 저는 매일매일 녹초가 됐었고, 너무 힘들어 '혈기 왕성한 친구들을 상대하기에 난 너무 늙은 걸까' 하는 자괴감이 들기도 했습니다. 그냥 이슈 취재는 중단하고 원래 하던 SBS TV 장면 오려 붙이기 수준의 카드뉴스에만 매달릴까 생각도 해 봤습니다. 고민하다가 그냥 버텨 보기로 했죠. '역시 학생들은 취재 같은 어려운 거 못 해'라고 섣불리 결론 내리고 그들을 포기하고 싶지 않았거든요.

저는 필사적으로 그 인턴들을 가르쳤는데, 그것은 순전히 제가 살기 위해서였습니다. 당시 제작 말고도 행정, 시설 관리, 온라인 플랫

폼 관리, 국제부 야근 근무 등 다양한 업무를 동시에 해야 했거든요. 그 학생들의 실력을 빨리 올려놓지 않으면 제가 해야 할 일이 너무 많아 못 견딜 것 같아 꾹 참고 필사적으로 가르쳤던 것 같습니다.

누군가의 성장을 믿은 뒤
마주하게 된 놀라운 결과

그리고 어느 날 갑자기 부쩍 성장한 그들을 목격하게 됐습니다. 그들은 어느덧 제가 취재할 때 말투와 글쓰기 어투까지 따라 하더니 때로는 저를 넘어서는 모습을 보이기도 했습니다. 저한테 배울 때는 '너무 빡세다'고 힘들다고 하소연하더니 어느덧 '빨리 느는 것 같아 좋다'고 빙긋 웃는 것이었습니다. 그들의 성장을 지켜보며 뿌듯함이 느껴질 때쯤 갑자기 전 미디어 업계가 스브스뉴스에 주목하기 시작했어요. 그때가 고작 스브스뉴스가 첫 콘텐츠를 올린 지 넉 달쯤 지난 2015년 5월 초였습니다.

그 어린 대학생들의 눈부신 성장이 결국 오늘의 스브스뉴스라는 브랜드의 토대였습니다. 그나마 제가 잘한 것이라곤 그들의 성장을 믿은 것뿐이었죠. 하루라도 더 빨리 저 친구들이 스스로 알아서 일할 수 있게 돼 내가 편해지는 그날이 올 거라는 희망을 품고 열심히 가르친 것뿐이었습니다. 그리고 그 과정을 거치면서 제 생각도 많이 바뀌었습니다. 밀레니얼 세대의 잠재력을 발견한 거죠. 그 잠재력이 전국을 떠들썩하게 하고 뉴미디어 분야의 한 모델이 될 만큼 무시무시한 것이라는 걸 깨달았습니다.

사실 이후 다른 언론사와 미디어 업계 관계자들로부터 '어떻게 스브스뉴스를 만들었냐'는 질문을 받았을 때마다 저는 "젊은 친구들이 자기 하고 싶은 거 하게 해 줬더니 그렇게 잘하더라고요."라고 답했습니다. 그 잠재력을 믿고 맡겨 봤더니 잘됐다는 얘기죠. 하지만 이 말을 들은 언론사 뉴미디어 업계 관계자들 대부분은 제가 강조한 그 잠재력보다는 다른 쪽에 초점을 맞춰 들었던 것 같습니다. 이후 다른 언론사들도 20대 대학생 또는 크리에이터를 채용해 스브스뉴스와 같은 서브 브랜드를 만들었지만 한두 곳을 제외하곤 거의 다 별다른 성과를 내지 못한 것 같습니다. 그 이유에 대해 저는 개인적으로 '그들의 성장을 믿지 않았다'는 것 때문이라고 생각합니다. 그들을 제대로 가르치지도 않고, 즉 그들의 성장에 그다지 기여하지 않으면서 오직 적은 비용으로 젊은 감각을 동원할 얄팍한 생각으로 젊은 친구들을 데려다 일을 시킨 곳의 결과가 좋을 리 없죠.

스브스뉴스는 현재 제 2의 도약에 나서고 있습니다. '연반인 재재'로 유명한 「문명특급」을 버티컬 채널로 독립시켜 성공시켰을 뿐 아니라 브랜디드 콘텐츠 분야에서 인정받은 경쟁력을 토대로 사업 영역을 확장하고 있습니다. 스브스뉴스는 앞으로 더욱 성장하며 뉴미디어 업계를 선도할 것으로 저는 확신합니다. 하현종 SBS디지털뉴스랩(스브스뉴스가 있는 SBS 자회사) 크리에이티브 사업 부문 대표이사를 필두로 스브스뉴스의 피디들과 인턴들이 모두 스스로의 잠재력을 믿고 있다는 사실을 제가 잘 알기 때문입니다.

돌이켜 보니, 스브스뉴스 팀에서 만난 한 명 한 명이 다 미디어였고, 신인류였다.

저는 우리 사회 기성세대가 아직 밀레니얼 세대의 잠재력에 대해 잘 모르고 있다고 생각합니다. 저보고 밀레니얼 세대의 잠재력을 한마디로 축약해 달라고 한다면, 저는 그들 한 명 한 명이 '미디어'가 될 잠재력이 있다고 말합니다. SNS로 연결된 세상에서 청년기를 보낸 그들은 자신의 작은 목소리가 세상을 바꿀 수도 있다는 사실을 잘 알고 있습니다. 자기 친구가 인터넷에 올린 짧은 글이 SNS에서 어떤 폭풍을 일으켰는지 겪어 보며 자란 세대입니다. 어른들에게 부당한 대우를 받았을 때 공개적으로 SNS에 그 사실을 올려 저항한 뒤 어른들의 사과를 받아 내 본 경험이 있는 세대입니다. 그들 한 명 한 명은 스스로 미디어로서의 무한한 잠재력이 있다는 사실을 잘 알고 있습니다.

초기 스브스뉴스의 콘텐츠 제작 방식은 어찌 보면 젊은 구성원 한 명 한 명을 1인 미디어로 세팅하는 과정이었습니다. 한 명이 자신이 원하는 이슈를 정한 뒤 기자처럼 직접 취재하고 작가처럼 직접 글을 쓰고, 카드뉴스 또는 영상을 직접 제작하고, 마케터처럼 SNS 관리까지 직접 하게 했습니다. 물론 전문 촬영과 전문 CG는 별도 인력을 뒀지만 기본적으로 그들은 1인 5역을 다 소화해 냈습니다. 처음엔 힘들지만 서로 도와가며 어떻게든 성장했고 낙오자는 단 한 명도 없었습니다. 그래서 스브스뉴스 인턴 또는 피디가 되면 얼마든지 개인 유튜브 채널 정도는 쉽게 만들고 키울 수 있는 역량을 갖추게 됩니다.

2014년 가을부터 2018년 말까지 스브스뉴스 팀에서의 4년 반 동안의 값진 경험 덕분에 저는 밀레니얼 세대의 잠재력과 교육의 중요성에 눈을 떴습니다. 밀레니얼 세대는 한 명 한 명이 스스로 미디어가 될 수 있는 잠재력을 갖고 있다고 믿고 있습니다. 그래서 저는 '스스로를 미디어라고 믿는 사람들'을 진정한 미디어로 성장시키는 일에 관심을 갖게 됐습니다. ① '성장 마인드셋'을 토대로 자신만의 세계관과 철학을 구축한 뒤 ② 영상으로든 사진으로든 메모로든 일상의 경험을 체계적으로 기록하고 ③ 공감 스토리텔링 방법을 배워 그 기록들을 남들과 공유할 수 있게 재가공한 뒤 ④ 유튜브와 SNS를 이용해 콘텐츠를 최대한 널리 확산시키고 ⑤ 그 스토리를 보고 모여든 팬들과 커뮤니티를 결성해 협력 시스템을 극대화하는 이 다섯 과정을 선순환시키면 누구나 강력한 미디어가 될 수 있다고 믿습니다.

예전엔 제가 이런 이야기를 하면 '그건 방송국 출신 사람들 이야기'라고 받아들이는 분들이 많았지만 최근엔 유튜브 시대가 도래하면서 이런 노하우를 배워 보고 싶어 하는 분들이 많아진 것 같습니다.

이 책을 통해 만나게 될
새로운 인연을 기대합니다.

책을 쓸 때는 힘든데 쓰고 나니 정말 좋은 게 하나 있더라고요. 『1.2초 찰나의 유혹』(권영인 하대석 공저), 『드위트리 스토리』, 『아이 엠 미디어』 등 세 권의 책을 내 본 뒤 얻은 가장 큰 소득은 바로 인연이었습니다. 저의 경험담을 공유하자 그 스토리에 반응하는 이들이 생겨났고, 그들 중 일부는 저와 만나 멋진 인연을 이어 가고 있습니다. 저와 같은 생각을 공유하며 같은 방향으로 세상에 선한 영향력을 미치고자 하는 이들과 만난다는 것은 너무나도 설레고 감사한 일인 것 같습니다.

이 책을 통해 또 만나게 될 인연을 생각하며 설레는 마음으로 이 책의 마지막 장을 접습니다.

2020년 겨울 하대석

아이 엠 스토리

1판 1쇄 발행 2021년 1월 15일

지은이 | 하대석
발행처 | 도서출판 혜화동
발행인 | 이상호
편집 | 이희정
주소 | 서울특별시 강서구 공항대로 237, 1108호 (07803)
등록 | 2017년 8월 16일 (제2017-000158호)
전화 | 070-8728-7484
팩스 | 031-624-5386
전자우편 | hyehwadong79@naver.com

ISBN 979-11-90049-20-7 03320

이 도서의 국립중앙도서관 출판예정도서목록(CIP)은 서지정보유통지원시스템 홈페이지(http://seoji.nl.go.kr)와 국가자료종합목록 구축시스템(http://kolis-net.nl.go.kr)에서 이용하실 수 있습니다. (CIP제어번호 : CIP2020051251)

* 책값은 뒤표지에 있습니다.
* 잘못된 책은 바꾸어 드립니다.